仕事がはかどる ケアマネ術 シリーズ ④

はじめの一歩が大切!
高齢者虐待防止

―在宅介護での兆候発見・支援のポイント―

著　川端　伸子

第一法規

はじめに

　「虐待って言っていいんですか？」という質問をよく受けます。「自分が介護者の立場になった時、同じ道をたどるのではないか？」という思いを、誰もがもっているようです。高齢者虐待は身近で、切実な問題なのでしょう。それは、私も同じです。

　一方で、「介護殺人」「介護心中」という言葉への違和感も、ぬぐうことができません。人の死が、介護者の立場で説明された言葉だからです。子どもが虐待されて死亡した時には、「子育て殺人」とは言いません。「虐待死」「殺人」という言葉を用います。どの大人にも子ども時代が存在していて、子どもたちへの共感はたやすいのでしょう。けれど、元気な大人にとって、「要介護状態の高齢者になる自分」を想像するより「介護者である自分」を想像する方が身近…だから高齢者の虐待死は「介護殺人」「介護心中」と言われている気がします。根底に、社会全体のエイジズムを感じます。

　そういう社会で高齢者福祉に携わる者として、「高齢者の立場に立ち、その尊厳を護る」ということを常に意識しなければならないと思っています。ともすると社会全体が、介護者の立場、思いへの共感のみに終始してしまいがちだからです。そして、そういう社会の中で、高齢者と介護者の間で苦しんでいるのがケアマネジャーなのではないでしょうか？

　本書は、そのようなケアマネジャーの皆さんの疑問に応えるものとなるよう筆を進めました。虐待を受けている高齢者の尊厳や「声なき声」を忘れることがないように、一方で、様々な事情を抱えて虐待に至っている介護者を断罪したり、偏見を増長するようなことがないように著したつもりです。本書が、手に取ってくださった皆さんの明日の元気と、高齢者の尊厳、介護者の生活を支えるものとなることを願ってやみません。

　本書の執筆を私に勧めてくださった池田惠利子先生、遅れがちで迷いがちな私を常に励ましアイディアをくださった編集の山崎嘉絵さん、多くの仕事を共に進めてくださっている後藤裕香さんはじめ（公社）あい権利擁護支援ネットの事務局の皆さんに、心からの御礼を申し上げます。

2017年8月

　　　　　　　　　　　　　　　　　　　　　　　　　　　川端　伸子

目次

はじめに

■解説編

Step 1　早期発見・早期対応～ケアマネジャーの役割の重要性～ …… 10
　1　これって虐待？　10

　2　なぜ「虐待」ととらえる必要があるの？　11
　　（1）高齢者虐待防止の目的は、高齢者の権利・利益の擁護　11
　　（2）「このくらい、いいだろう」と放置すると権利侵害は拡大する　12
　　（3）介護保険サービスの調整だけでは防止できないものが多い　13

　3　「助けて」って言えない気持ちを理解しよう　14

　コラム　暴力や暴言を受け続けた人の特徴「パワレス状態」　15

　4　虐待と言ってしまって、いいの？　16

　5　高齢者虐待防止ネットワークの一員であるケアマネジャー　17

　6　一番身近な支援者、ケアマネジャーの役割　19
　　（1）気づく　19
　　（2）すぐに知らせる　20
　　（3）協力する　21
　　（4）偏見をもたず、諦めずに支える　22

Step 2　高齢者虐待の具体例と背景 ……………………………………… 23
　1　何を虐待ととらえるの？～高齢者虐待の類型と具体例～　23
　　（1）身体的虐待　24
　　（2）介護・世話の放棄・放任　25

（3）心理的虐待　26
　　（4）性的虐待　27
　　（5）経済的虐待　28

　2　どうして、虐待が起こるの？～高齢者虐待の背景にあるもの～　29
　　（1）虐待を受けている人の背景にあるもの　29
　　（2）虐待に至っている人の背景にあるもの　31
　　（3）二人の関係性の背景にあるもの　34
　　（4）その他の背景にあるもの　35
　　（5）高齢者・養護者の強みや思いに着目する　36

Step 3　これって高齢者虐待？と思ったら　37
　1　高齢者虐待のサインをとらえよう　37

　2　緊急性の高い状況に気づこう　40
　　（1）「口に出せているから大丈夫」とはとらえない　40
　　（2）保護の実情　40

　3　通報（相談）のポイント　42
　　（1）「思われる」状態の発見での通報　42
　　（2）発見と通報は「義務」　42
　　（3）守秘義務よりも通報義務の方が優先する　43
　　（4）介護保険サービス事業者にも同様の義務がある　43
　　（5）通報者が特定されるような対応はしない（できない）　43
　　（6）発見したら時間をおかずに「すぐ」知らせる　44
　　（7）具体的状況や最近の変化、「気になること」を知らせる　44
　　（8）たくさん質問されるという心構えをもつ　45
　　（9）「虐待になる前に言っておこう」と考える　45

Step 4　通報の後ってどうなるの？〜高齢者虐待対応の流れ〜　……… 46

1　高齢者虐待対応の特徴　46

2　高齢者虐待対応の流れとケアマネジャーの役割　46
　（1）通報（相談）受付　46
　（2）事実確認　48
　（3）会議による方針決定と支援の実施　49
　（4）評価と終結　50

3　高齢者虐待防止における市町村による権限行使について　51
　（1）立入調査と警察署長への援助要請について　51
　（2）老人福祉法のやむを得ない事由による措置等　53
　（3）面会制限について　55
　（4）成年後見制度の市町村長申立てについて　55

4　ケアマネジャーが行うケアマネジメントの流れと
　　高齢者虐待対応の流れの違い　57
　（1）関わりの開始の特徴　57
　（2）支援の必要性の把握の特徴　58
　（3）事実の裏付けや対応の根拠が求められるという特徴　58
　（4）段取り、手順を踏んだ計画的支援が求められるという特徴　59
　（5）調査結果から分かる対応傾向　60

Step 5　高齢者虐待防止法と基本的視点　……………………………… 62

1　高齢者虐待防止法成立の背景　62

2　高齢者虐待防止法の特徴　63

3　高齢者虐待防止法が目指していること（法の趣旨）　64

4　高齢者虐待対応における基本的考え方と視点　64

5　虐待が解消できる未来を信じること　65

■ケーススタディ編

Case1	どんどんケアができなくなっていく…認認介護が不安です。	68
Case2	熱心だけど、スパルタ過ぎる… 行き過ぎたリハビリが気になります。	76
Case3	「母親を殴ってしまいました」という連絡を受けて、 言葉に詰まってしまいました…。	84
Case4	「これからは私がみますから」…って、本当ですか？	93
Case5	「いいの、いいの」って言うけれど、 それは騙されていると思います…。	100

著者紹介 …… 111

解説編

Step 1 早期発見・早期対応
～ケアマネジャーの役割の重要性～

　Step 1 では、高齢者虐待のとらえ方や、虐待防止におけるケアマネジャーの役割について確認します。

1 これって虐待？

　「高齢者虐待」という言葉から、どのようなことを想像しますか？例えば、これって虐待だと思いますか？

- 「しつけ」と称して、つねる。
- リハビリとしての効果が見込めないのに、階段の昇り降りの繰返しを強要する。
- 水分や食事を十分に与えず空腹状態が長時間にわたって続いたり、脱水症状や栄養失調の状態におかれたりしている。
- 徘徊や病気の状態を知りながら、放置する。
- 排泄の失敗や食べこぼしをあざ笑って、高齢者本人に恥をかかせる。
- 台所や洗濯機を理由もなく使わせず、生活に必要な道具の使用を制限する。
- 人前で、排泄行為をさせたり、おむつ交換をしたりする。
- 年金等の財産があるにもかかわらず、日常的に必要な金銭を、高齢者に渡さない、使わせない。
- 年金等の財産があるにもかかわらず、入院や受診、介護保険サービスなどに必要な費用を支払わない。

　実は、これらは「高齢者虐待の具体例」として挙げられているものにあたります。「確かに『不適切』だけど、『虐待』とまでは言わなくてもいいんじゃ

ない？」と思われた方も多いことでしょう。虐待という言葉は、「むごく凄惨なことをされること」を連想させるため、「傷だらけ、あざだらけになった被害者」と「悪意をもった加害者」をイメージしがちです。しかし、実際の高齢者虐待対応では、**当事者それぞれの自覚は問わずに虐待を判断する**こととされているため、虐待の意味について幅広くとらえています。厚生労働省老健局「市町村・都道府県における高齢者虐待への対応と養護者支援について」平成18年4月（以下、「厚生労働省マニュアル」と言う）では、高齢者虐待を「高齢者が他者からの不適切な扱いにより権利利益を侵害される状態や生命、健康、生活が損なわれるような状態に置かれること」と解説しており、高齢者虐待の早期発見・早期対応のためには、この「不適切さ」を感じた時点で「高齢者虐待」であるととらえることが求められています。

2 なぜ「虐待」ととらえる必要があるの？

では、なぜこのような「不適切な扱い」の時点から高齢者虐待をとらえる必要があるのでしょうか？これには、三つの理由があります。
(1) 高齢者虐待防止の目的は、高齢者の権利・利益の擁護にあるため
(2) 「このくらい、いいだろう」と放置すると権利侵害は拡大するため
(3) 介護保険サービスの調整だけでは防止できないものが多いため
それぞれを具体的にみていきましょう。

(1) 高齢者虐待防止の目的は、高齢者の権利・利益の擁護

高齢者虐待を「不適切な扱い」の時点からとらえる必要性の一つは、「高齢者虐待の防止、高齢者の養護者に対する支援等に関する法律」（以下、「高齢者虐待防止法」と言う）の目的が、「虐待を受けている高齢者の権利・利益の擁護」と、そのための「介護・世話をしている人への支援（以下、「養護者支援」と言う）におかれていることにあります。

実は、高齢者虐待防止法には、虐待を理由に、虐待に至った人を処罰する

規定はありません。よく、虐待を理由に逮捕されたという報道がありますが、実際は刑法の「傷害致死罪」「殺人罪」「保護責任者遺棄致死罪」等の刑事事件であるために逮捕されているもので、「高齢者虐待」を理由に逮捕されているわけではないのです。

高齢者虐待防止法は、あくまでも、高齢者の人権・権利・生活を護ることを目指しているもので、誰かを処罰することを目的にはしていません。ですから、「これを虐待として知らせたら、介護している家族が逮捕されてしまうんじゃないか？」と心配になるかもしれませんが、刑法の事件と虐待とは別に考えられているので、必ずしも重ならない、と理解しておきましょう。

(2) 「このくらい、いいだろう」と放置すると権利侵害は拡大する

「不適切な扱い」の時点から高齢者虐待をとらえるもう一つの理由に、「このくらい、いいだろう」の放置が権利侵害を拡大させてしまう傾向があることが挙げられます。分かりやすい考え方に「割れ窓理論」という環境犯罪学の理論があるので、ご紹介します。

> **割れ窓理論**
>
> 窓ガラスが1枚割れている建物をそのままにしておくと、「この建物の窓ガラスは、割ってもいいんだ」と思われて、次々と窓ガラスが割られてしまう。
> 窓ガラスがたくさん割れている建物の周りには、軽犯罪が増え、軽犯罪が増えると重犯罪が発生する。つまり、重い犯罪を防止するためには、割れた窓を放置しないことが大切であるという理論。

例えば、食事介助を受けることを嫌がって抵抗している高齢者に「こんなことしたらダメでしょ！」と言って、家族が手の甲をつねっている場面に遭遇したとします。いつも、とても熱心に介護している家族だと、担当ケアマネジャーとしては「介護負担も大きいし、このくらいは仕方がない」と感じるかもしれません。しかし、周囲が「このくらい仕方がない」とこの状態を

そのままにしてしまうと、「つねる」という行為が過激化し、叩いたり怒鳴ったり、殴ったり蹴ったりという形に発展しかねないのです。しかも、実際に「つねる」行為は暴力行為の一種ですし、高齢者虐待に該当します。このような場合に、見過ごさずに「食事介助にお困りですか？」と、防止のための対応をとることが求められています。**虐待は、時に介護者の「うまく介護ができなくて困っている」というSOSなのです。**

(3) 介護保険サービスの調整だけでは防止できないものが多い

高齢者虐待の背景には様々な社会問題が隠れています。

> ・認知症の行動・心理症状（例えば異食行為がある、介護への抵抗が激しい等）への調整・環境整備のないままに退院を迫られ、不安を抱えたまま、孤立状態で介護せざるを得ない状況におかれている。
> ・会社の倒産やリストラ等によって介護者が失業して経済的困難を抱えている。
> ・乳児と要介護状態の高齢者、障害のある人と要介護状態の高齢者、認知症の高齢者が世帯に3人いるなど、ケアを必要とする人が同時に複数いる。
> ・介護者自身が疾病・障害を抱えていて、主たる介護者として介護を担うことそのものが難しくても、他に家族がいなければキーパーソンとして扱われる。
> ・今の被虐待者は、かつての虐待の加害者。当時の被害者である介護者には、その頃に虐待防止法がなかったために、権利救済がされなかった経緯がある。

このようなケースで高齢者虐待は生じやすいものですが、「この人たちだけの責任じゃないのに…」という思いをもつ支援者は多いことでしょう。実は、「この人たちだけの責任じゃない」という感覚で虐待をとらえる視点が重要なのです。**虐待は社会構造の中で生じています。当事者の責任と選択・決定だけでは解決が難しいからこそ、これらの事象を「高齢者虐待」ととらえ、介護保険サービス以外の支援も含めて、広く、必要な社会的支援を組み立て直す必要があるのです。**

3　「助けて」って言えない気持ちを理解しよう

　「そうは言っても、虐待を受けている高齢者本人も『大丈夫』『大ごとにしないで』って言ってるし」というケースを担当している方も、いるのではないでしょうか？虐待をとらえる際には、「大丈夫、大ごとにしないで」「私が悪いから、そっとしておいて」と言う本人の状況を正確に理解しておくことが求められます。

　皆さんは、自分の生きるパワーが弱まっていると感じることがありますか？仕事が忙しすぎて、しっかりと休養が取れないままに働き続けている時や、私生活の何もかもがうまくかみ合わなくて途方に暮れる時、「私が悪いからこうなったんだ」と思って落ち込み続けることはありませんか？このもっとひどい状態を「パワレス状態」と言います。例えば、監禁事件が起こった場合に、「監禁されている被害者は、なぜ逃げなかったのか」という問いかけに、専門家が「逃げられない心理状態に陥るのです」と解説していることがありますが、これがまさに「パワレス状態」です。虐待を受けている高齢者は、この「パワレス状態」に陥ることがあるのです。

　「パワレス状態」に至った高齢者は、「不安」で心がいっぱいになって、「無力感」を抱きます。そして、「自分のせいでこうなった」と感じるため、「誰かに助けを求める」「施設に行く」等の新たな選択をすることができなくなります。このような人に対応する場合、高齢者の思いを、「それは間違っている」と否定する必要はありません。しかし、違うメッセージを伝える必要があります。「あなたは悪くない」「暴力・暴言はあなたのせいで起こっているわけではない」「あなたは暴力・暴言を受け続けていい人ではない」「我慢しなくてよい」「私はあなたを大切に思っている」と伝えていきましょう。**本人の存在を大切に思っているというメッセージを伝え続けていくことが大切です。**

　なお、「あなたにも責任がある」「あなたのせいでこうなっている」といった、虐待が生じている責任を高齢者本人に問うような発言は、本人の力をさらに弱めることにつながります。支援者によるこのような行為は、「高齢者虐待の二次被害」を与える行為に該当するので注意しましょう。

Column

暴力や暴言を受け続けた人の特徴「パワレス状態」

人はそもそも自分の力というものをもっています。

しかし、虐待を受け続けると、本来もっている力が弱まってしまいます。

さらに、虐待を受け続けると、自分で自分を否定するようになってしまうのです。恐怖と不安から冷静に物事を考える力を失い、自分を大切にすることができなくなります。さらに、虐待をしている人の論理に精神的に支配されてしまうので、自分が悪いと思い込んだり、他に選択肢を選ぶ力も奪われてしまうのです。

【被害者の心理】
恐怖と不安
⇒安心ではない
無力感
⇒自信がない
選択肢がない
⇒自由でない

ですから、決められないことを責めるのではなく、「決められなくなっている人」だと理解することが大切です。

出典：森田ゆり「エンパワメントと人権―こころの力のみなもとへ」部落解放研究所、1998年、17頁、28頁を参考に作成

4 虐待と言ってしまって、いいの？

　「利用者のことは助けたい。でも、この家族は『あなたのしていることは虐待だ』なんて言われたら、悲観して死を選んでしまうんじゃないか？」と感じるほど、介護者が精神的に追い詰められているケースを担当している方も、いるのではないでしょうか？実は、虐待対応では、行政が「虐待がある」という判断をした事例のすべてにおいて、「これは高齢者虐待である」という告知を本人や介護者にしているわけではありません。介護をしている家族の4人に1人はうつ症状があるとまで言われている時代です。高齢者虐待防止法は、「養護者支援（介護・世話をしている人の支援）」という姿勢を法律のタイトルにまで掲げて立法化されたものです。介護負担が重く、介護者にうつ症状があるなど、虐待の告知に精神的に耐えられないようなケースでは、市町村担当者は様々な工夫をして支援を組み立て、養護者を支援することによって虐待を解消できるよう、対応を試みています。

　「虐待ととらえる」ことが「虐待だと伝える」ことと直結していないことを理解し、「高齢者も介護者も可哀想な状況におかれている。だからこそ、今のこの状態を虐待ととらえて社会的支援を組み立てなおす必要がある」ととらえていきましょう。

社会的支援を組み立てなおす必要があると、とらえればいいのね！

5 高齢者虐待防止ネットワークの一員であるケアマネジャー

　高齢者虐待防止は、虐待が生じてから行うものではありません。まず重要なのは、高齢者虐待が生じないように予防的に支援をすること、また、虐待が生じた場合に、市町村や地域包括支援センターが早期に対応していくこと、そして、高齢者虐待対応がすぐに実行できるような体制を市町村が構築しておくことです。

　だから、市町村や地域包括支援センターの重要な役割として、虐待が生じた場合に対応するための高齢者虐待防止ネットワークの構築などが挙げられていますし、ケアマネジャーはこのネットワークの重要な一員ということになります。「ネットワークの一員としての関わり」という自覚をもっておくことも重要です。

図1 高齢者虐待防止ネットワーク構築の例

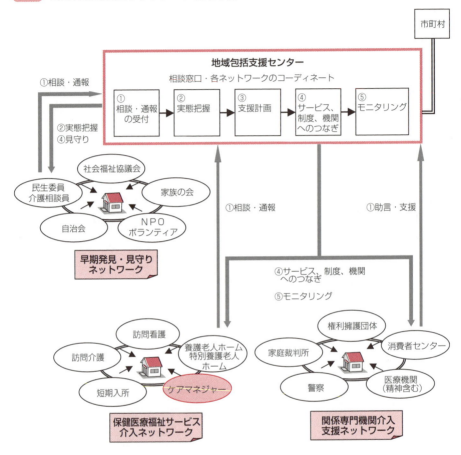

出典:「市町村・都道府県における高齢者虐待への対応と養護者支援について」厚生労働省老健局、平成18年4月、19頁を一部改変

Step 1 早期発見・早期対応〜ケアマネジャーの役割の重要性〜

6 一番身近な支援者、ケアマネジャーの役割

　ケアマネジャーは、高齢者と、その介護をしている家族にとって、時に一番身近な支援者です。**高齢者虐待に対し、ケアマネジャーには、「気づく」「すぐに知らせる」「協力する」「偏見をもたず、諦めずに支える」という大きく分けて4つの役割が求められます。**

(1) 気づく

　毎年、厚生労働省が発表している「高齢者虐待の防止、高齢者の養護者に対する支援等に関する法律に基づく対応状況等に関する調査結果」(以下、「厚生労働省調査結果」と言う)の**「相談・通報者」のトップは、毎年ケアマネジャーです。**常に、相談・通報者の約3割を占めており、多くのケアマネジャーが「高齢者虐待」に気づき、知らせていることが分かります(この厚生労働省調査結果は、厚生労働省のホームページ上で公表されています(http://www.mhlw.go.jp/stf/seisakunitsuite/bunya/hukushi_kaigo/kaigo_koureisha/boushi/index.html))。

　高齢者虐待は「虐待ではないかもしれない」という目でみると、把握することができません。

　例えば…

「あざができている」⇒「転倒かもしれない」／「大声で怒鳴っている」⇒「耳が遠いからかもしれない」／「痩せてきている」⇒「単に食欲が落ちてきているのかも」／「高齢者が『叩かれた』と言っている」⇒「被害妄想があるのかも」…。

「虐待」は、支援者にとっても「悲しい事態」です。「悲しい事態」に注目したくないという心理は、「虐待ではない理由」を求めてしまいがちです。そして、虐待ではない理由探しをしてしまうと、虐待に気づくことはできません。その結果、「生命・身体・財産に重大な危険が生じているような重篤な状態」になってからしか「虐待」をとらえられないという、残念な事態が起こってしまいます。「虐待があるかもしれない」と、虐待の小さな芽のうちに早期に気づくことこそ、そこで暮らしている高齢者や家族の「痛み」「悲しみ」をそのままにしないこと、拡大させないことなのです。「虐待があるかもしれない」と感じるセンサーの精度を上げて、虐待に気づく目をもちましょう。**Step 3**「これって高齢者虐待？と思ったら」では、気づいてほしいサインを紹介していきます。参考にしてください。

(2) すぐに知らせる

「虐待があるかもしれない」という事態に遭遇した時、どうしたらいいのでしょうか？**「『見たまま、聞いたまま』をすぐに知らせる」ことが、ケアマネジャーに求められている役割**です。「虐待かどうか、確かめてから知らせよう」と考えると、虐待であるという裏付けをとろうとしてしまい、結果として通報が遅くなります。**虐待の裏付けをとる「事実確認」という行為は、虐待対応従事者である市町村担当者や地域包括支援センター職員の仕事です。また、「虐待が生じている」という虐待の有無の判断も、市町村の法的責任に基づいて行われるものであるため、ケアマネジャーが行う必要はありません。**「虐待の事実を確認する前に、『虐待かもしれない』という状態でとにかく知らせる」ということを優先させましょう。知らせた後に「虐待ではないということが分かった」としても、「虐待ではなくてよかった！予防的に対応していこう」という権利擁護の姿勢で、地域包括支援センターは関わります。この両者の姿勢こそが、早期発見・早期対応、虐待防止の基本になるのです。

知らせる先は、高齢者が居住している市町村・地域包括支援センター等の「高齢者虐待の通報窓口」です。各市町村によって、様々な名称で設置していることがあるため、確かめておくとよいでしょう。

Step 1 早期発見・早期対応～ケアマネジャーの役割の重要性～

図2 高齢者虐待対応のために必要な協力体制

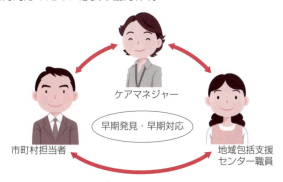

(3) 協力する

　実際に知らせた後、ケアマネジャーは、地域包括支援センターが行う高齢者虐待対応に協力するという役割を果たすことになります。具体的な内容は、**Step 4**「通報の後ってどうなるの？～高齢者虐待対応の流れ～」で確認していきますが、「事実確認調査（訪問）に協力する」「今までの高齢者や介護者の様子など、もっている情報を提供する」「個別ケース会議に出席する」「支援計画に従って支援を提供する」という4つの役割を求められることが多いでしょう。すべてのケースにおいて、同行訪問や個別ケース会議への出席を求められているのではなく、必要に応じて協力を求められることがあるという理解をしておきましょう。市町村や地域包括支援センターは、時に、ケアマネジャーが虐待に至っている介護者の攻撃対象にされないよう、あえて虐待対応の詳しい内容を伝えないという選択をすることがあります。

高齢者虐待対応の際にケアマネジャーに求められる協力

■ 事実確認調査（訪問）への協力
■ 情報提供（高齢者や介護者の様子など）
■ 個別ケース会議への出席
■ 支援計画に従った支援の提供
　※求められる協力内容は、事例ごとに異なる

(4) 偏見をもたず、諦めずに支える

　ケアマネジャーとして担当している以上、利用者とその家族を支え続けることは、ある意味「当然のこと」です。大切なのは、虐待をしている家族にも本人にも、偏見をもたず、虐待を解消して本人の権利を護ることを諦めず、その人たちを大切に思い支え続けていくことです。この「当たり前」のことが、当事者にとってもっとも重要な支援であり、ケアマネジャーに求められる重要な役割です。

　虐待が生じている世帯では、様々な課題が複雑に絡み合っていることがあります。そして、高齢者虐待が解消するまでに、長い時間を要することもあります。ケアマネジャーを含む支援者サイドが、当事者に対して「なぜ、ここまで課題を放置して大きくしてしまったんだろう」「どうして、自分たちで課題を解決しようとしないんだろう」など、様々な思いを抱くこともあるかもしれません。そのような時は、「様々な課題を抱えている当事者は、これまでの複雑な人生を生き抜いてきた人」ということを思い出してみてください。「人生を生き抜いてきた人」へのリスペクトをもちつつ、「だからこそ、この事態を一緒に解決していきたい」という思いで関わり続けること、諦めずに権利侵害を解消しようとする姿勢をもち続けることが、支援者側に求められるのです。

この事態を一緒に解決していきたい！

高齢者虐待の具体例と背景

Step 2では、高齢者虐待の具体例と背景について、具体的理解を深めます。この具体的理解が、早期発見や虐待の予防の上では重要です。

1 何を虐待ととらえるの？〜高齢者虐待の類型と具体例〜

高齢者虐待防止法では、以下の5つの種別の虐待が規定されています。

- 身体的虐待
- 介護・世話の放棄・放任
- 心理的虐待
- 性的虐待
- 経済的虐待

実際にどのような状況・行為を虐待ととらえているのかを確認していきましょう。これから紹介するのは、公益社団法人 日本社会福祉士会が「平成22年度老人保健健康増進等事業」でまとめた「市町村・地域包括支援センター・都道府県のための養護者による高齢者虐待対応の手引き」（以下、「手引き」と言う）に掲載されているものです。この手引きは、厚生労働省より、厚生労働省マニュアルを「補完するもの」であるという事務連絡（厚生労働省老健局高齢者支援課 平成24年4月3日事務連絡「高齢者虐待の防止に向けた取組について」）が出されているため、現在、全国の市町村が手引きの具体例をもとに、高齢者虐待を判断しています。

(1) 身体的虐待

　高齢者の介護・世話をしている人あるいは世話をすることが期待される人（以下、「養護者」と言う）による以下の行為を、「身体的虐待」ととらえています。

具 体 的 な 例
①　暴力的行為で、痛みを与えたり、身体にあざや外傷を与える行為。 　・平手打ちをする。つねる。殴る。蹴る。やけど、打撲をさせる。 　・刃物や器物で外傷を与える。など
②　本人に向けられた危険な行為や、身体になんらかの影響を与える行為。 　・本人に向けて物を壊したり、投げつけたりする。 　・本人に向けて刃物を近づけたり、振り回したりする。など
③　本人の利益にならない強制による行為によって痛みを与えたり、代替方法があるにもかかわらず高齢者を乱暴に取り扱う行為。 　・医学的判断に基づかない痛みを伴うようなリハビリを強要する。 　・移動させる時に無理に引きずる。無理やり食事を口に入れる。など
④　外部との接触を意図的、継続的に遮断する行為。 　・身体を拘束し、自分で動くことを制限する（ベッドに縛り付ける。ベッドに柵を付ける。つなぎ服を着せる。意図的に薬を過剰に服用させて、動きを抑制する。など）。 　・外から鍵をかけて閉じ込める。中から鍵をかけて長時間家の中に入れない。など

　出血等がなくても、「平手打ちする」「つねる」「痛みを伴うリハビリの強要」「乱暴な介護」等の「痛みを与える行為」が虐待ととらえられている点を理解しておきましょう。また、「緊急やむを得ない」とは言えないような「行動の自由の制限」についても、身体的虐待となりますので、注意が必要です。

(2) 介護・世話の放棄・放任

　養護者による以下の行為や状況を、「介護・世話の放棄・放任」ととらえています。

具 体 的 な 例
①　意図的であるか、結果的であるかを問わず、介護や生活の世話を行っている者が、その提供を放棄又は放任し、高齢者の生活環境や、高齢者自身の身体・精神的状態を悪化させている。 ・入浴しておらず異臭がする。髪や爪が伸び放題だったり、皮膚や衣服、寝具が汚れている。 ・水分や食事を十分に与えられていないことで、空腹状態が長時間にわたって続いたり、脱水症状や栄養失調の状態にある。 ・室内にごみを放置する、冷暖房を使わせないなど、劣悪な住環境の中で生活させる。など
②　専門的診断や治療、ケアが必要にもかかわらず、高齢者が必要とする医療・介護保険サービスなどを、周囲が納得できる理由なく制限したり使わせない、放置する。 ・徘徊や病気の状態を放置する。 ・虐待対応従事者が、医療機関への受診や専門的ケアが必要と説明しているにもかかわらず、無視する。 ・本来は入院や治療が必要にもかかわらず、強引に病院や施設等から連れ帰る。など
③　同居人等による高齢者虐待と同様の行為を放置する。 ・孫が高齢者に対して行う暴力や暴言行為を放置する。など

　放棄・放任は、よく「ネグレクト」という言い方でも表現されます。ポイントは、「意図的であるか、結果的であるかを問わない」という点です。「弱らせてやろう」と思ってわざと食事を抜いているのも放棄・放任ですし、養護者も認知症になってしまって、食事提供を忘れ、結果として食事がとれずに要介護者が弱ってしまうのも、放棄・放任です。そして、この状態を「虐待」ととらえて、養護者支援等の高齢者虐待対応を開始するのです。

さらに、「全く世話・介護をしていないかどうか」という判断ではない点にも、注意が必要です。「不十分な介護」「高齢者本人に適していない介護」によって、「高齢者の生活環境や、高齢者自身の身体・精神的状態を悪化させている」のであれば、これは「放棄・放任」ととらえられるものになります。行き過ぎたこだわりのある介護等が、これにあたります。詳しくは**ケーススタディ編 Case 3**を参照してください。

(3) 心理的虐待

養護者による以下の行為を、「心理的虐待」ととらえています。

具 体 的 な 例
脅しや侮辱などの言語や威圧的な態度、無視、嫌がらせ等によって、精神的苦痛を与える。 ・老化現象やそれに伴う言動等を嘲笑したり、それを人前で話すなどにより、高齢者に恥をかかせる（排泄の失敗、食べこぼしなど）。 ・怒鳴る、ののしる、悪口を言う。 ・侮蔑を込めて、子どものように扱う。 ・排泄交換や片付けをしやすいという目的で、本人の尊厳を無視してトイレに行けるのにおむつをあてたり、食事の全介助をする。 ・台所や洗濯機など、生活に必要な道具の使用を制限する。 ・家族や親族、友人等との団らんから排除する。など

心理的虐待をとらえる際は、「恥をかかせる」「尊厳を無視する」というポイントに注目すると、理解しやすいでしょう。家族同士の悪ふざけで、「この馬鹿野郎！」「なんだいこのスットコドッコイ！」と言いあっている分には、「心理的虐待」とまでとらえる必要はありません。しかし、高齢者のパワーが弱まり、いつもの悪ふざけを悪ふざけと思えずに悲しんでいる場合には、心理的虐待の「芽」ととらえる必要があります。

ケアマネジャー等の支援者がついつい「このくらい、いいだろう」と見逃しがちなのが、心理的虐待です。「殴られたり蹴られたりしているわけじゃないし、食事も水分も十分に取れているし、おむつ交換もお風呂介助もしっ

かりしてもらっているから、少しくらい怒鳴られても…」という気持ちになりがちです。しかし、毎晩のように「お前が要介護状態になったから、うちは大変なんだよ。早く死んでくれよ」と耳元で言われ続けると、言われる高齢者は「早く死ななくちゃ」というパワレス状態（P.14参照）になるものなのです。「言葉の暴力」も、人から生きる意欲を奪うという点を理解して、心理的虐待をとらえていきましょう。

(4) 性的虐待

養護者による以下の行為を、「性的虐待」ととらえています。

具 体 的 な 例
本人との間で合意が形成されていない、あらゆる形態の性的な行為又はその強要。 ・排泄の失敗に対して懲罰的に下半身を裸にして放置する。 ・排泄や着替えの介助がしやすいという目的で、下半身を裸にしたり、下着のままで放置する。 ・人前で排泄行為をさせる、おむつ交換をする。 ・性器を写真に撮る、スケッチをする。 ・キス・性器への接触、セックスを強要する。 ・わいせつな映像や写真を見せる。 ・自慰行為を見せる。など

　性的行為の強要以外に、性的辱めを感じさせるような介護は、性的虐待にあたります。高齢者の求めも了解もないままに、高齢者の性器を家族が写真に撮って、「これって病気ですか？」と言いながら人に見せる等の行為は性的虐待と思われる行為です。家族に全く悪気はなくとも、高齢者が辱めを感じる（と思われる）行為に該当しているかどうか、考えてみましょう。
　また、高齢者だからといって、性的対象にされないという思い込みは危険です。セックスの強要等が生じている場合もありますので、「起こるはずがない」とは思わず、「もしかしたら」という目で、早期発見に努めましょう。

(5) 経済的虐待

養護者、若しくは高齢者の親族（特に、介護・世話をしていない親族も含む）による以下の行為を「経済的虐待」ととらえています。

具 体 的 な 例
本人の合意なしに財産や金銭を使用し、本人の希望する金銭の使用を理由なく制限する。 ・日常生活に必要な金銭を渡さない、使わせない。 ・本人の自宅等を本人に無断で売却する。 ・年金や預貯金を無断で使用する。 ・入院や受診、介護保険サービスなどに必要な費用を支払わない。など

　財産や金銭の使用の「理由なき制限」が含まれていることを、理解しておきましょう。使い込んでいるかどうかまでは分からなくても、高齢者の年金があるはずなのに高齢者のために使わないのは、経済的虐待と思われる行為です。

　経済的虐待の場合は、虐待の主体に「養護者以外の高齢者の親族」を含んでいます。全く介護・世話をしていない親族が行っている搾取（さくしゅ）や財産の使用の理由なき制限も「経済的虐待」ととらえます。この点が、他の虐待とは違っているのです。例えば、北海道に住む長男が、東京に住む高齢者の世話を全くしていなかったとしても、放棄・放任にはなりません。北海道に住む長男は、養護者にあたらないからです。しかし、北海道に住む長男が、東京に住む高齢者の年金通帳を持って行き、勝手に年金を使ってしまっているとすると、これは経済的虐待にあたるのです。この経済的虐待については他の虐待と「主体が異なる」という点も理解しておきましょう。

2 どうして、虐待が起こるの？〜高齢者虐待の背景にあるもの〜

　高齢者虐待の背景にある課題を知っておくと、虐待の早期発見や予防につながります。次の高齢者虐待の背景をまとめた 図1 をもとに、さらなる解説を行います。

図1 高齢者虐待の背景にあるもの

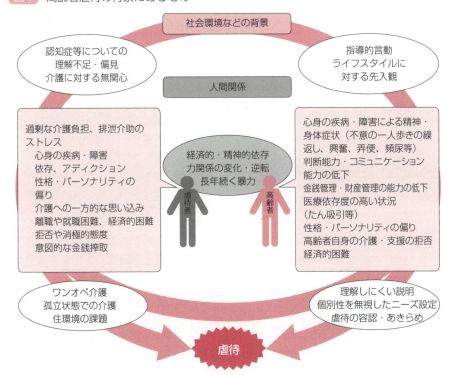

出典：「区市町村職員・地域包括支援センター職員　必携　高齢者の権利養護と虐待対応　お役立ち帳」
　　　（公財）東京都福祉保健財団、2014年、52頁を一部改変

(1) 虐待を受けている人の背景にあるもの

　毎年、厚生労働省が発表している厚生労働省調査結果（P.19参照）では、被虐待高齢者について、次のような発表が続いています。

- ■ 女性の割合が全体の約75%、80歳〜84歳の割合が全体の約25%（75〜79歳約20%、85歳〜89歳約20%）
  - → 後期高齢者の女性が虐待を受けやすい傾向が読み取れます。
- ■ 認知症日常生活自立度Ⅱ以上の高齢者が、全体の約70%を占める
  - → 認知症のある高齢者が虐待を受けやすいことが読み取れます。
- ■ 要介護1の人の割合が25%弱、要介護2の人の割合が20%強
  - → 施設入所を待たされるギリギリの状態にある要介護者が虐待を受けやすいことが読み取れます。

虐待を受けている高齢者の背景をさらに詳しくみていくと、以下のようになります。

■**心身の疾病・障害による**
- 精神・身体症状（不意の一人歩きの繰返し、興奮、弄便、頻尿等）
- コミュニケーション能力の低下
- 金銭管理・財産管理能力の低下

「いつ家から出て行ってしまうか分からない」というような、片時も目を離せないような状態像にある高齢者や、介護への抵抗がある高齢者が虐待を受けやすい傾向があります。また、介護者にとって「問題だ」と感じるような高齢者の行動の陰には、本人にとって不快なケアがある場合があります。これらの問題だと感じるような状態やその前後のケアについての丁寧なアセスメントが必要です。

なお、ここでいう「心身の疾病・障害」とは、必ずしも認知症とは限りません。状態像が安定しないような難病や他の精神疾患など、広くとらえておきましょう。

■**医療依存度の高い状況にある（たん吸引や褥瘡の処置を要する状態、経管栄養の状態）**

以前よりも在宅での医療・看護サービスが充実してきたため、様々な医療行為を要する人でも在宅生活が継続できるようになりました。その反面、介護する家族がこれらの医療行為を日常的に担うという、命に関わる重い責任を果たさなければならないことが増えました。このことによるストレスから虐待が生じる場合があります。介護負担の軽減や、医療・看護サービスの調整は、虐待の予防になります。

■性格・パーソナリティの偏り、高齢者自身の介護・支援への拒否（セルフ・ネグレクト）

　虐待を受けている高齢者本人に、「自分はポータブルトイレは絶対に使わない。介助してもらって歩いて、夜間でも必ずトイレで排泄したい」という思いが強い等、支えている家族にとっては対応しがたいようなこだわりがある場合、虐待が生じやすくなります。「なぜ、そう思うのだろう」という、高齢者自身の主張や拒否の背景へのさらなるアセスメントが求められます。

■高齢者の経済的困難（無年金や低額な年金等）

　高齢者本人に経済的困難があるとサービスを購入することができず、結果として家族の介護負担感は強まる傾向があり、虐待が生じやすくなります。高齢者の中には無年金状態の方も、年金支給額が低い方もたくさんいるのが実情です。これは、年金制度そのものが段階的に整備されてきたことによるもので、社会構造上生じた課題です。

(2)　虐待に至っている人の背景にあるもの

　厚生労働省調査結果では、虐待に至っている人と被虐待高齢者との続柄について、**「1位 息子、2位 夫、3位 娘」**という発表が続いています。このことから、「人に介護を任せたくないと思うほど、濃い関係性があるところに虐待が生じやすい」ということが想像できるのではないでしょうか？「恨みや憎しみ」よりも、「がんばりたい」「自分一人で何とかしなくては…」という思いの方が、虐待の背景には存在しているのかもしれません。

　次に、虐待に至っている人の背景にあるものを、詳しくみていきます。

■孤立状態での介護（相談できる人がいない状態、心理的に支える人がいない状態での介護）

　ケアマネジャーがいて、介護者からの相談に応じられる関係性にあったとしても、それはあくまでも「利用者の家族」としての関わりです。現在、「ワンオペ育児」という言葉が育児負担の上で話題になっていますが、いわゆる「一人で切り盛りしているワンオペレーション」状態での介護…「ワンオペ介護」でも孤立感は強まり、虐待に至りやすくなります。

■過剰な介護負担・排泄介助のストレス（弄便・頻尿等のある介助）を抱えている

　特に、ケアマネジャーとして知っておきたい点は「夜間頻回に起きて介護をしている人は虐待のハイリスク状態に陥る」ということです。当然ですが、慢性的な睡眠不足は易怒性を高くします。「夜、どのように過ごされていますか？」と聴き、夜間の介護状態を把握して丁寧にプランを立てていくことは、虐待の予防につながります。

■養護者の心身の疾病・障害、依存・アディクション（アルコール依存、ギャンブル依存、買い物依存等）、性格・パーソナリティの偏り、介護への一方的な思い込み

　疾病や障害、依存症など、福祉的ニーズを抱えていながら十分な支援がされていない家族が介護を担わざるを得ないことがあります。このような場合、介護者の福祉的ニーズへの支援が入らない限り、虐待は生じやすくなります。

　福祉の制度はすべて、段階的に整えられてきました。そのため、現在幼少期を送っていれば、障害福祉の支援を受けられるような方だとしても、40年前、50年前には制度が未整備だったことから、障害福祉等の必要な支援がされないままに過ごしてきた方々もいるのです。診断や障害の認定だけが支援のすべてではありませんが、このような時代背景を踏まえた上で、介護保険サービスの利用だけでは支えられない世帯があることも、理解しておく必要があります。

■離職や就労困難、経済的困難

　介護離職や、疾病・障害のために就労困難があるような場合、養護者が経済的困難を抱えていることがあります。虐待解消を目指して安易に介護保険サービスの増量を勧めると、経済的困難を抱えている家族が「使いたくても

使えないのに…」という新たなストレスを感じかねません。虐待の背景に「経済的困難」があるかどうかを見定めて、サービス増量の提案を行うことが求められます。

■助言への拒否や消極的態度、自らの支援への拒否

　虐待の背景に、養護者の拒否や消極的態度がみられることもあります。つまり、ケアマネジャーを含めた様々な支援者が「このままでは虐待が生じてしまう」という予兆を感じてサービスや支援の提案をしたにもかかわらず、養護者の拒否や消極的態度によって支援体制を整えることができず、結果として虐待が防げないという場合もあるのです。そして、この拒否の背景には、経済的困難や養護者のパーソナリティの偏り、あるいは高齢者自身の拒否が隠れていることがあります。拒否的、支援に消極的な介護者に接するとき、「拒否の背景にあるものはなんだろう？」という発想でアセスメントを深める必要があります。

■意図的な高齢者の財産・金銭の搾取や無断使用、金銭管理能力の問題（浪費癖、使途不明の借金等）

　今まで、支援を必要としている養護者イメージを前提に、虐待の背景をみてきました。しかし、明らかに働くことができるのに「得をしたい」という気持ちで高齢者の金銭を意図的に搾取している事例も存在しています。そしてこのような場合、「自分には悪意があります」と教えてはもらえません。「自分はがんばっている」「本人のためを思ってやっている」という主張に隠れて行われる意図的な搾取等があることも、イメージとしてもっておきましょう。

　このような場合には、養護者に虐待をやめるつもりがないので、契約による関わりの中でケアマネジャーだけで搾取をストップすることは困難です。行政による介入が必須であると考え、地域包括支援センターに早急に知らせましょう。

(3) 二人の関係性の背景にあるもの

■経済的依存、精神的依存

　子に疾病・障害等の支援を要する状態があり、母が子の世話をずっとしてきていた。世話をしていた母が高齢になり要介護状態になってしまった。子がうまく介護できなくて虐待が生じた—という場合、その子と母との間に、非常に強く密着した関係を感じることがあります。子が母である高齢者に経済的にも精神的にも依存しており、高齢者本人も子のことを「自分がいなくては生きていけないのではないか」と心配しています。このため、時に虐待があることを認めなかったり、生活を変えることを拒否したりします。このような場合には、子（養護者）の支援チームと連携した対応をとることにより、それぞれが安心して生活することを目指します。このことが、新たな親子関係の構築の土台となるのです（ここでは母を例に挙げて説明していますが、もちろん父である場合もあります）。

■力関係の変化・逆転

　かつて、父あるいは母から子に対して児童虐待があったという場合、高齢期になった父あるいは母を介護する子が高齢者虐待に至る場合があります。この時「これはしつけであり、当然のコミュニケーションの一手段」という主張がされることもあります。「暴力・暴言は家族間であっても『してはいけないこと』になった」という意識付けと、かつて感じたであろう痛みや苦しみへの理解、共感が必要となるため、「今はもう、許されないことである」という意識付けをする人と、共感的に関わる人との、役割分担をした対応が求められます。

■長年継続している暴力

　若い時から配偶者間暴力（DV）があり、高齢期まで継続していることもあります。暴力・暴言を受け続けてきた被虐待高齢者のパワレス状態は深刻な場合が多く、解決を諦めていることもあります。なかなか「逃げたい」という意思表示ができず、「このままでいい」「死んでもかまわない」と言うことすらあります。適切に緊急性を判断し（**Step 3** 2 を参照）、「あなたは暴力・暴言を受け続けていい人ではない」というメッセージを伝え続けることが求められます（**Step 1** 3 を参照）。

⑷ その他の背景にあるもの

(1)〜(3)以外に、「世帯・親族間の背景にあるもの」「地域の背景にあるもの」「支援者・関係機関の背景にあるもの」について、高齢者虐待防止の上で課題になることがあるため、簡単ですが紹介します。

世帯・親族間	・介護やケアを要する人が、世帯に複数存在する ・老老介護、認認介護、単身介護、老障介護、障老介護 ・主たる介護者以外の家族・親族の認知症への理解不足・偏見、介護に対する無関心、指導的言動、虐待への容認・諦め ・住環境の課題（家屋の老朽化、狭すぎる住環境、人通りの少ない環境など）
地　域	・認知症についての理解不足・偏見 ・介護に対する無関心 ・世帯のライフスタイルに対する先入観 ・高齢者・養護者に対する指導的言動 ・高齢者虐待防止等に関する知識不足 ・虐待への容認・諦め
支援者・関係機関	・高齢者や養護者にとって理解しにくい説明（疾病やサービス内容等） ・個別性を無視したニーズ設定 ・高齢者ではなく家族の意思・意向のみを重視したサービス提供 ・高齢者虐待防止等に関する知識不足、虐待への容認・諦め

　ケアマネジャー自身が、「虐待されても仕方がない人」という諦めをもったり、「虐待しても仕方がないくらい、家族が大変」と虐待を容認してしまうことが、虐待を増長させてしまいます。「偏見をもたず、諦めずに支える」（**Step 1** 6 (4)参照）という姿勢を大切にしたいものです。

(5) 高齢者・養護者の強みや思いに着目する

　虐待の解消を目指す時、虐待の背景にある課題をとらえざるを得なくなります。

　課題をとらえる際には、高齢者や養護者の「強み」や「思い」をとらえる姿勢を同時にもちましょう。このことで、当事者を「課題だけでみる」のではなく、「生き抜いてきた人」ととらえなおすことができます。また、「強み」や「思い」をとらえることで、虐待対応の糸口が見えてくることがあります。

強み・思いをとらえる時に考えるポイント
■　続けられていることはなんだろう
■　表現できていることはなんだろう
■　口にしている思い、口にしていない（できない）思いはなんだろう

例えば…
◆**虐待を受けている高齢者について**
・デイサービスで、「ここはいいところね」「家に帰りたくないわ」と思いを表現することができている。
・デイサービスで、他の利用者を気づかったり、世話をしたりすることができている。など
◆**虐待に至っている養護者について**
・仕事をしながら、「介護もしよう」という思いで高齢者と接し、投げ出すことなく介護をすることができている。
・暴力は、家族間であっても許されないことだと理解できている。など

Step 3 これって高齢者虐待？と思ったら

これって高齢者虐待？と思ったら

Step 3では、早期発見・早期通報のために必要な知識として、「高齢者虐待のサイン」「緊急性の高い状況例」を確認し、通報（相談）のポイントについて、理解を深めます。

1 高齢者虐待のサインをとらえよう

　高齢者虐待が生じている場合、利用者や家族は、 表1 （P.38）のようなサインを発していることがあります。必ずしも「このサインがあること＝高齢者虐待があること」ではないのですが、サインをとらえて地域包括支援センターに知らせることができると、「早期発見・早期対応」「虐待の予防」につながります。**高齢者虐待のサインに気づくことが、ケアマネジャーに求められている高齢者虐待防止の専門性です。**適切にサインをとらえるセンサーをもちましょう。

サインに気づくことがケアマネジャーの専門性として、求められているのね！

表1 高齢者虐待があると思われるサイン

> 外傷には、内出血斑が含まれます。

項目 該当項目を○で囲む		サイン 該当項目を○で囲む
本人の身体の状況	外傷、あざ等	頭部外傷（血腫、骨折等の疑い、顔面・頭部のあざ）、腹部外傷、重度の褥瘡 身体に複数のあざ、頻繁なあざ、火傷、刺し傷、打撲痕、腫張 部位：　　　　　大きさ：　　　　　色：
	全身状態・意識レベル	全身衰弱、意識混濁
	脱水症状	重い脱水症状、脱水症状の繰り返し、軽い脱水症状
	栄養状態、体重の増減	栄養失調、低栄養・低血糖の疑い、急な体重の減少、やせすぎ
	出血や傷の有無	身体の傷からのかなりの出血、生殖器等のかゆみの訴え
本人の話の内容や表情・態度	恐怖や不安の訴え	「怖い」「痛い」「怒られる」「殴られる」「殺される」「早く帰って」などの発言
	保護の訴え	「家にいたくない」「帰りたくない」「ここにいさせてほしい」などの発言
	強い自殺念慮	「死にたい」などの発言、自分を否定的に話す
	あざや傷の説明	つじつまが合わない、求めても説明しない、隠そうとする、説明が変化する
	虐待についての訴え	虐待をされている事柄についての訴え （　　　　　　　　　　　　　　） 「お金をとられた」「年金が入ってこない」「貯金がなくなった」などの発言 「何も食べていない」「生殖器の写真を撮られた」「生殖器等を触られた」などの発言
	話のためらい	関係者に話すことをためらう、「大丈夫」「大ごとにしないで」などの発言
	おびえ、不安	おびえた表情、急に不安がる、怖がる、人目を避けたがる
	無気力さ	無気力、問いかけに無反応、なげやりな態度、「死んでもかまわない」などの発言
	態度の変化	家族のいる場面といない場面で態度が異なる、話す内容が変化

> 「早く帰って」「大丈夫」「大ごとにしないで」「死んでもかまわない」という言葉は、パワレス状態にある高齢者が、よく口にします。「おびえた表情」「急に怖がる」という態度、「家族のいる場面といない場面で態度が異なる」「話す内容が変化する」という態度は、家族を怖がっている高齢者に、よく見受けられます。

Step3 これって高齢者虐待?と思ったら

生活の状況	衣服・寝具の清潔さ	着の身着のまま、濡れたままの下着、汚れたままのシーツ
	身体の清潔さ	身体の異臭、汚れのひどい髪、皮膚の潰瘍、のび放題の爪
	適切な食事	菓子パンのみの食事、余所ではガツガツ食べる、拒食や過食が見られる、疾患等に不適切な食事の提供
	適切な睡眠	不眠の訴え、不規則な睡眠
	行為や場所の制限	自由に外出できない、自由に家族以外の人と話すことができない、無理な家事や行為等の強要、生活の場所が限定されている、長時間家の外に出されている
	不自然な状況	資産と日常生活の大きな落差、食べる物にも困っている、年金通帳・預貯金通帳がない
	住環境の適切さ	住環境から異臭がする、極度に乱雑、ベタベタした感じ、冷暖房の欠如
サービスの利用状況	適切な医療の受診	家族が受診を拒否、受診を勧めても行った気配がない
	適切な服薬の管理	本人が処方されていない薬を服用、処方された薬を適切に服薬できていない
	入退院の状況	入退院の繰り返し、救急搬送の繰り返し
	適切な介護等サービス	必要であるが未利用、勧めても無視あるいは拒否、必要量が極端に不足
	支援のためらい・拒否	援助を受けたがらない、新たなサービスは拒否
	費用負担	サービス利用負担が突然払えなくなる、サービス利用をためらう、利用料の滞納が継続
養護者の態度等	支援者への発言	「何をするか分からない」「殺してしまうかもしれない」「限界です」等の訴えがある
	保護の訴え	養護者が切実に高齢者の保護を求めている
	暴力、脅し等	刃物、ビンなど凶器を使った暴力や脅し、破壊行為がある
	高齢者に対する態度	冷淡、横柄、無関心、支配的、攻撃的、拒否的、介護することへの激しい執着
	高齢者への発言	「早く死んでしまえ」など否定的な発言、コミュニケーションをとろうとしない
	支援者に対する態度	生活に困窮していることの訴え、虐待行為の肯定、援助の専門家と会うことを避ける、話したがらない、拒否的、本人・他の親族・専門家等への責任転嫁
	精神状態・判断能力	虐待者の精神的不安定・判断力低下、治療中断による不安定、非現実的な認識
	その他	

出典:(公社)日本社会福祉士会「高齢者虐待対応帳票 C票 事実確認項目」を参考に(公社)あい権利擁護支援ネットにて作成

2 緊急性の高い状況に気づこう

　高齢者虐待対応では、市町村の権限を行使して高齢者を保護・分離したり（詳しくは **Step 4** ③）、ライフラインの確保や財産の保護を図ったりといった「緊急対応」を行う場合があります。 表2 のような場合には、「緊急性が高いかもしれない」と感じるセンサーをもつことが支援者にも求められます。

(1)　「口に出せているから大丈夫」とはとらえない

　注目したいのは、介護者が「何をしてしまうか分らない」「殺してしまうかもしれない」と切実に訴えている場合に、「『口に出せているから大丈夫』と安心してはいけない」という点です。近年、自殺予防の啓発の中で、「『死ぬ、死ぬ』と言っている人は死なない、というのは間違いです」と言われるようになりました。この話と似ています。「何をしてしまうか分からない」「殺してしまうかもしれない」と口にした人のすべてが、介護殺人や介護心中に至っているわけではありません。しかし、介護殺人や介護心中に至っている事案の多くで、これらの発言があったことが確認されています。

　介護者の究極のＳＯＳが出されているととらえ「休めのサインですよ」と、休むことを勧めるとともに、市町村や地域包括支援センターに、状況を知らせてください。

(2)　保護の実情

　高齢者虐待対応の保護の判断は、市町村に委ねられています。保護する場合の居室の確保等の体制整備についても、市町村に委ねられています。よって、保護の実情は、市町村によって大きく違っています。 表2 の状態にあるときに、その市町村がすぐに保護を実施する（できる）とは限りません。しかし、集中的に情報収集を行って、緊急性を下げるための支援を最優先しなければならないことに変わりはありません。ケアマネジャーとして「緊急性が高い状況」を把握した場合、すぐにそのことを通報（相談）しましょう。

Step3 これって高齢者虐待？と思ったら

表2 高齢者虐待対応における緊急保護・緊急対応が必要な状況例

A．生命が危ぶまれるような状況が確認される、もしくは予測される

1．既に重大な結果を生じている
- □①頭部外傷(血腫、骨折、顔面・頭部のあざ)　□②腹部等外傷　□③意識混濁　□④重度の褥瘡
- □⑤重い脱水症状　□⑥脱水症状の繰り返し　□⑦重度のやけど　□⑧低栄養・全身衰弱
- □⑨急激な体重減少　□⑩救急搬送の繰り返し　□⑪頻繁に救急車を呼ぶ状況
- □⑫警察等による頻回な保護の繰り返し
- □⑬極端に不衛生な環境の継続（ネズミ・ゴキブリ等害虫の蔓延、排泄物の常時散乱した状態）

2．医療・介護サービスの重大な不足がある
- □①重度の疾患・外傷があると思われるにもかかわらず、助言・指導をしても未受診の状態が継続
- □②医療や介護を利用させないことによる本人の状態の悪化がある

3．深刻な暴力行為等がある
- □①器物（刃物、ビン、木刀、食器など）を使った暴力の実施がある
- □②器物等による脅しがある
- □③器物等が常に手の届くところに置いてある等、暴力行為が起こりやすい環境による圧力がある
- □④暴力行為により、住まい（窓、障子、ふすま等）が何度も破壊されている
- □⑤うめき声が聞こえる等の深刻な状況が予測される

B．深刻に、高齢者本人の保護を求めている

1．高齢者本人からの訴えがある
- □①明確な保護の訴え　□②「殺される」「(虐待者が)怖い」「何も食べていない」等の訴えと兆候

2．養護者からの切迫した保護の訴えや、態度の急変がある
- □①「何をするか分からない」「殺してしまうかもしれない」等の訴えと切迫感がある
- □②今まで頑なに支援を拒否してきた養護者が、急に支援を受けたいという
- □③今まで支援を受けていた養護者が、急にすべての支援を拒否する

C．本人や家族の人格や精神状態に歪みを生じさせている、もしくはそのおそれがある

1．本人や家族の人格や精神状態について、著しい歪みが生じ始めている
- □①うつ症状　□②解離症状　□③極端なおびえ・震え　□④強い自殺念慮・自殺企図
- □⑤家族間の虐待の連鎖　□⑥養護者のいる時といない時とで、本人の意向が何度も変わり続ける

D．虐待が恒常化しており、改善の見込みが立たない

1．養護者（虐待者）に虐待の自覚や改善意欲が見られない
- □①指導を繰り返しても、自覚や改善意欲が見られない　□②行為を正当化し続ける
- □③接触や助言に応じない　□④重大な結果（窒息・誤嚥）を生じ得るこだわりのある介護の継続

2．高齢者側に自覚や改善意欲が見られない
- □①自分に起こっていることを認識できない　□②養護者への遠慮等からＳＯＳを出さない

3．継続的あるいは極端な行動の制限がある
- □①自宅からの締め出しによる心身の悪化　□②[緊急やむを得ない]とは言えない閉じ込め・拘束
- □③外部との連絡を遮断するような行為（住所録を取り上げ友人との関係を断つ、電話線を抜く等）

E. 重篤な経済的損失が生じている、生じるおそれがある
1. 重篤な金銭搾取や財産を使わせない・使えない状態がある □①ライフラインの停止　□②食料がない・偏った食事　□③公的保険料の滞納の継続 □④医療・介護サービス利用料の滞納の継続　□⑤その他（　　　　　　　　　）
2. 本人の意思に基づかない、本人の利益になるとは思われないような重大な契約行為 □①預貯金の引き出し等　□②不動産等の名義の書き換えや処分　□③本人名義の借金 □④クレジットカードの不正利用　□⑤財産上の不当取引の繰り返し（消費者被害等）

出典：副田あけみ作成危害リスク確認シート、東京都老人総合研究所作成リスクアセスメントシート、埼玉県版リスクアセスメントシート、厚生労働省・東京都高齢者虐待対応マニュアルを参考に（公社）あい権利擁護支援ネットにて作成

3 通報（相談）のポイント

ここで、通報（相談）をする際のポイントを確認しましょう。

(1) 「思われる」状態の発見での通報

「虐待かもしれない。相談しようかな…」と思っても、「写真や録音があるわけじゃないし」「本当に虐待かどうか、まだ分からないし…」と悩むかもしれません。この「虐待かもしれない」と悩んだ時が、通報すべきタイミングです。高齢者虐待防止法は、「高齢者虐待を受けていると『思われる』高齢者を発見した時」に通報を求めています。通報者が虐待である証拠をそろえる必要はありません。本当に虐待かどうかを確かめるのは、市町村・地域包括支援センターの仕事です。「確かめるよりも、まず知らせる」…これが通報におけるベストです。

(2) 発見と通報は「義務」

ケアマネジャーを含む福祉保健医療関係者には「早期発見義務」があります。「高齢者虐待を発見しやすい立場にあることを自覚し、高齢者虐待の早期発見に

努めなければならない」と、高齢者虐待防止法で規定されているのです。そして、発見した場合には、通報義務が生じます。

「通報した方がいいのかな…」と悩む場合には、「そうだ！通報は義務だった」と思い出してください。

(3) 守秘義務よりも通報義務の方が優先する

「そうは言っても、ケアマネジャーとしての守秘義務があるし…」「利用者に『誰にも言わない』って約束しちゃったし…」と悩むこともあるかもしれません。しかし、**どんな守秘義務よりも、通報義務の方が優先しています。**たとえ、刑法の秘密漏示罪に該当するような秘密の漏えいであっても、通報の場合は許されるのです。安心して通報しましょう。

(4) 介護保険サービス事業者にも同様の義務がある

デイサービス利用中、利用者が「うちで殴られた」と話した場合には、デイサービスに通報義務が生じます。デイサービスがケアマネジャーに報告して、ケアマネジャーから通報するという仕組みではありません。できる限り、その状態を把握した人―この場合だと「うちで殴られた」という発言を直接聞いた人―が通報することが望ましいのです。間接情報は、曖昧になりがちですし、その分時間がかかります。もしも、デイサービスから報告を受けた場合には、「私も地域包括支援センターに知らせますが、デイサービスからも直接知らせてください」と伝えてください。

(5) 通報者が特定されるような対応はしない（できない）

「私が知らせたって、介護者に分かったら困る…すべてのサービスを断られてしまうかもしれないし、あとから何か言われたら怖い」と思うこともあるかもしれません。**高齢者虐待防止法は、虐待対応をする市町村・地域包括支援センターに「通報者を特定する情報を漏らしてはならない」と定めています。**

通報者の氏名だけではなく、通報者が特定されてしまうような情報を漏らしてはならないのです。例えば、地域包括支援センター職員が「昨日、『死んでしまえ！』って言ったの？」と養護者に聞くと、「その場にいたのはケアマネジャーしかいない。ケアマネジャーが知らせたんだな」と通報者が特定されてしまうので、このような聞き方はできません。訪問の際も「通報を受けてきました」という形の訪問ではなく、「この地域の実態把握調査をしています」など、様々な理由での訪問を行っています。

　もしも「通報を受け付けている市町村・地域包括支援センター職員が勉強不足で、このことを知らずに対応するかもしれない」と感じたら、「通報者が特定されるような対応はできないですよね？しないんですよね？」と確認しておくと安心です。

(6) 発見したら時間をおかずに「すぐ」知らせる

　「よし！通報しよう。その前に、このケースの概要をまとめよう」と、考えることもあるかもしれません。この場合は、ケース概要をまとめる時間をとることよりも、すぐに通報することを優先してください。時間が経つと、被害を訴えた高齢者が被害の事実そのものを忘れてしまったり、家に帰ったら被害を訴えられなくなったり、暴力の痕跡である腫れやあざが見えなくなってしまうことがあります。ケース概要をまとめるのは、通報の後でよいのです。「とにかく、すぐに知らせよう」という姿勢が、もっとも求められているのです。

(7) 具体的状況や最近の変化、「気になること」を知らせる

　市町村・地域包括支援センター職員にとって重要なのは、「虐待が起こっていると思われる」ことについての、具体的な状況を把握することです。「昨日、暴言があった」と伝えられるよりも、「昨日、私が訪問した際に、息子が本人に『お前なんか、死んでしまえ！』と怒鳴り、本人が涙ぐんでいた。自分が担当した頃から大きな声を出すことがあったが、このような言葉で大

声を出しているのを見たのは初めて。帰り際に本人が『死んでしまいたい』とつぶやいたので、それも気になる」と言うように、具体的状況や最近の変化、ケアマネジャーとして「気になる点」を伝えてもらえる方が、その後の対応がしやすいのです。「見たまま」「聞いたまま」をメモして、それをすぐに伝えてください。

(8) たくさん質問されるという心構えをもつ

　通報の後、市町村・地域包括支援センター職員は、訪問したり、関係機関から情報収集をしたりして、事実確認をしていくことになります。また、緊急性の判断や虐待の有無の判断をしなければなりません。適切にこれらの対応を行うための第一歩が、通報受付時に、通報者からたくさんの情報を得ることです。よって、通報するとたくさんの質問を受けることになります（それが、望ましい通報の受付です）。

　通報する側にしてみれば、たくさん質問をされると「自分の言っていることを信じていないから、質問しているんじゃないか」と不安になるかもしれません。その時には、「適切な対応のために、たくさん質問しているんだな」と理解してください。

　質問に対して「分からないこと」は「分からない」と答えることが大切ですし、「不安に思うこと」があれば、率直に聞いてみてください。対話することが重要です。

(9) 「虐待になる前に言っておこう」と考える

　「虐待だから知らせよう」と思うとつい、「これって虐待かなぁ…」と悩んでしまいます。「虐待が起こりそうだから言っておこう」「虐待になる前に言っておこう」「不適切かもしれないから言っておこう」と考えてみてください。虐待が起こってから防止したいわけではありません。もっとも理想的なのは、未然防止です。「虐待になる前の予防的関わり」を目指して、知らせましょう。

Step 4 通報の後ってどうなるの？
～高齢者虐待対応の流れ～

　厚生労働省マニュアルの中で、虐待対応の基本的な流れは、図1のように示されました。Step 4では、虐待対応の流れを紹介するとともに、その中でのケアマネジャーの役割について確認します。Step 1 6(3)「協力する」の内容を具体的に解説しているのが、このStep 4にあたります。

1 高齢者虐待対応の特徴

　高齢者虐待対応では、緊急性の判断をまず行い、緊急性を下げる支援を行ってから、高齢者虐待の背景にある課題に働きかけていくプロセスに入るという特徴をもっています。「高齢者の安心・安全の確保」⇒「背景や課題への働きかけ」という大きな流れがあることを、理解しておくとよいでしょう。

2 高齢者虐待対応の流れとケアマネジャーの役割

(1) 通報（相談）受付

　市町村は、それぞれに通報受付窓口を設置することになっています。多くの市町村が、地域包括支援センターを通報窓口としています。休日や夜間、どのように通報を受け付けるかは、市町村ごとに違っています。
　ケアマネジャーとして通報（相談）する際には、虐待を受けていると思われる高齢者の居住実態のある市町村の窓口への通報となります。通報（相談）のポイントは、Step 3 3 を確認してください。

Step 4 通報の後ってどうなるの？〜高齢者虐待対応の流れ〜

図1 養護者による高齢者虐待への対応手順

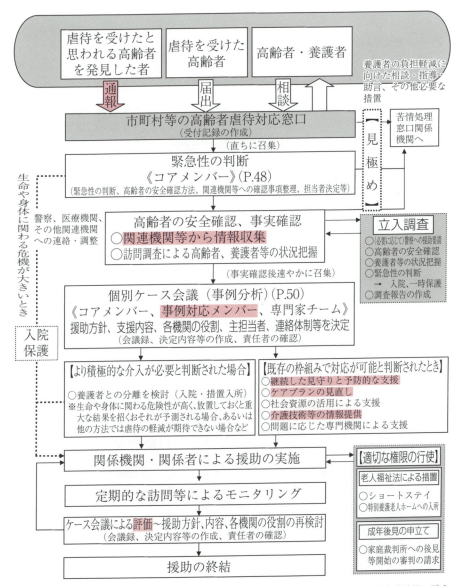

出典：「市町村・都道府県における高齢者虐待への対応と養護者支援について」厚生労働省老健局、平成18年4月、28頁を一部改変。赤はケアマネジャーの関わる部分。

なお、通報を受け付けた後は、コアメンバー*で緊急性について協議することになっています。コアメンバーに、ケアマネジャーは含まれていません。

> **＊高齢者虐待対応のコアメンバー**
> 厚生労働省マニュアルでは、高齢者虐待対応のコアメンバーとは以下のように示されています。
>
> > 高齢者虐待防止事務を担当する市町村職員および担当部局管理職。事務を委託した場合は、委託先の担当職員※を含む。事例対応にあたって緊急の判断が求められることがあるため、市町村担当部局管理職は必須。
>
> ※委託先の担当職員とは、地域包括支援センターの職員のことを指しています。

(2) 事実確認

市町村・地域包括支援センターは、通報を受け付けたら「事実の確認のための措置」いわゆる「事実確認調査」を行うことになります。事実確認は、市町村・地域包括支援センターが行うもので、民生委員やケアマネジャーに委託することはできません。

事実確認には、以下の三つの要素があります。

図2 市町村・地域包括支援センターが行う事実確認の要素

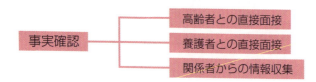

事実確認においてケアマネジャーは、情報提供する関係機関の一つです。この場合、高齢者や家族の個人情報を提供することになりますが、以下の法的解釈があるため、同意なき提供が許されています。
・個人情報の取扱いについては、利用目的が制限されている（個人情報保護法16条）。
・また、あらかじめ本人の同意を得ないで、個人データを第三者に提供して

はならない（同法23条）。

ただし、
① 法令に基づく場合
② 人の生命、身体又は財産の保護のために必要がある場合であって、本人の同意を得ることが困難であるとき
③ 国の機関若しくは地方公共団体又はその委託を受けた者が法令の定める事務を遂行することに対して協力する必要がある場合であって、本人の同意を得ることにより当該事務の遂行に支障を及ぼすおそれがあるとき

などの場合は、例外として、あらかじめ本人の同意を得ないで個人データを第三者に提供することができる（同法23条、高齢者虐待における解釈例（東京都高齢者虐待対応マニュアル61頁））。

上記①〜③を高齢者虐待対応でみてみると、
①→高齢者虐待の通報、立入調査における必要な調査又は質問を行う場合
②→虐待により本人の生命等を保護するために対応が必要であるが、本人が意識不明又は認知症などにより同意の確認が困難な場合等
③→高齢者虐待防止法に基づき、市町村と地域包括支援センターおよび各関係機関がネットワークを組んで対応する場合

などが、利用目的の制限・第三者提供の制限の例外に該当するとされており、①〜③などの場合に本人の同意なく個人情報を提供することが可能です。

また、高齢者や養護者から話を聞くための訪問調査への同行を、地域包括支援センターから依頼される場合もあるでしょう。このとき、ケアマネジャーとして高齢者や家族と築いてきた信頼関係が崩れてしまう等の心配がある場合にはそのことを地域包括支援センターに伝え、別の形での訪問を依頼しましょう。必ず一緒に訪問することにはなっていません。

(3) 会議による方針決定と支援の実施

市町村・地域包括支援センターは、事実確認調査をしながら、適宜下記の二つの会議によって方針を決定し、対応していきます。

① **コアメンバー会議**

　市町村・地域包括支援センター職員による会議で、高齢者虐待の有無や緊急性の判断を行うものです。必要に応じて何度も行われます。手引き（P.23参照）では、通報受付後48時間以内の高齢者本人の直接確認と初回のコアメンバー会議が推奨されています。ケアマネジャーは、高齢者虐待対応のコアメンバーではありませんので、この会議には加わりません。

② **個別ケース会議**

　市町村は、民生委員、ケアマネジャーや介護保険サービス事業者、医療機関の関係者など、事例対応に関係している関係機関や、専門的に助言できる関係機関等を招集し、個別ケース会議を行うことがあります。この会議に招集されるメンバーは、事例やタイミングによって変化します。また、サービス担当者会議のように、定期的に開催するものではありません。高齢者本人や家族の出席は原則ではありません。

　ケアマネジャーは個別ケース会議に出席し、見立てや手立てを共に考えることがあります。そして、ここで立てられた虐待対応支援計画の方針に沿った支援を展開します。虐待対応支援がどのようなものなのかは、**ケーススタディ編**で確認していきましょう。

(4) 評価と終結

　市町村・地域包括支援センターは、支援の適切な実施や、目標の達成状況、虐待の解消についてモニタリングと評価、計画の見直しを行います。虐待解消、高齢者の権利擁護を目指す計画なので、見直しのたびに課題や内容が変化します。最終的には、コアメンバー会議によって、虐待対応の終結の判断が行われます。

　虐待対応の終結後も、高齢者の生活は継続します。ケアマネジャーは、担当者である限りは、高齢者や家族に関わり続けることになります。もしも虐待対応の終結の判断について不安を感じる場合には、市町村・地域包括支援センターに、率直に不安を伝えましょう。

3 高齢者虐待防止における市町村による権限行使について

　ここで、高齢者虐待対応において市町村にどのような権限が与えられているのか、確認しておきましょう。これらの権限行使の判断は、市町村に任されているものです。市町村の権限ですので、委託型地域包括支援センター単独で行使することはありません。ケアマネジャーは、市町村から要請があった場合に必要に応じて協力することがあります。ポイントをまとめて、簡単に紹介します。

(1) 立入調査と警察署長への援助要請について

　立入調査は、高齢者虐待防止法の中でも、もっとも強い権限行使にあたります。様々な手段で高齢者への接触を試みても叶わない場合や、緊急性が高い状況にあると思われるのに高齢者に接触できないような場合に行使されるものです。

立入調査について

- 高齢者虐待防止法第11条に基づく権限行使で、養護者による高齢者虐待により「高齢者の生命又は身体に重大な危険が生じているおそれがあると認めるとき」に認められるもの
- 高齢者の住所又は居所へ立ち入り、必要な調査又は質問を行うことができる
  → 高齢者や養護者の同意なく住居内に入っても、住居侵入罪等の罪に問われない
  → 物理的な有形力の行使は認められない（ドアや窓を壊す、鍵屋を呼んで鍵を開ける等はできない）
- 高齢者虐待の対応を所管する市町村職員である、という指定の身分証明書が必要となる
- シミュレーションに基づく準備と、適切な役割分担が求められる
- 市町村は、立入調査の実施に際して、必要に応じて警察署長へ援助要請を行うことができる

厚生労働省の調査結果では、実際の事例対応の中でも立入調査を行うのは1％にも満たない程度（0.6％程度）となっており、他の手段での接触を試みている実態がうかがえますし、通常の事実確認の調査は、高齢者や介護者の意思を尊重しながら行われていることが分かります。

　立入調査が必要と判断される状況を知っておくと、もしもそのような状況に遭遇した場合に「すぐに市町村に知らせるべき」と判断することができるでしょう。

立入調査が必要と判断される状況の例

- 高齢者の姿が長期にわたって確認できず、また養護者が訪問に応じないなど、接近する手がかりを得ることが困難と判断されたとき。
- 高齢者が居所内において物理的、強制的に拘束されていると判断されるような事態があるとき。
- 何らかの団体や組織、あるいは個人が、高齢者の福祉に反するような状況下で高齢者を生活させたり、管理していると判断されるとき。
- 過去に虐待歴や援助の経過があるなど、虐待の蓋然性が高いにもかかわらず、養護者が訪問者に高齢者を会わせないなど非協力的な態度に終始しているとき。
- 高齢者の不自然な姿、けが、栄養不良、うめき声、泣き声などが目撃されたり、確認されているにもかかわらず、養護者が他者の関わりに拒否的で接触そのものができないとき。
- 入院や医療的な措置が必要な高齢者を養護者が無理やり連れ帰り、屋内に引きこもっているようなとき。
- 入所施設などから無理やり引き取られ、養護者による加害や高齢者の安全が懸念されるようなとき。
- 養護者の言動や精神状態が不安定で、一緒にいる高齢者の安否が懸念されるような事態にあるとき。
- 家族全体が閉鎖的、孤立的な生活状況にあり、高齢者の生活実態の把握が必要と判断されるようなとき。
- その他、虐待の蓋然性が高いと判断されたり、高齢者の権利や福祉上問題があると推定されるにもかかわらず、養護者が拒否的で実態の把握や高齢者の保護が困難であるとき。

出典：「市町村・都道府県における高齢者虐待への対応と養護者支援について」厚生労働省老健局、平成18年4月、52頁

(2) 老人福祉法のやむを得ない事由による措置等

　緊急性が高く、施設・在宅サービスの導入が早急に必要な状況にありながら、契約によるサービス導入が見込めない場合は、必要に応じて老人福祉法の「やむを得ない事由による措置」等をとることで、行政判断によるサービス導入を図ることができるようになっています。

やむを得ない事由等による措置について

- ■ 高齢者虐待防止法第9条2項に基づくもの
- ■ 「高齢者虐待の防止や当該高齢者の保護」を目的に、必要に応じて以下の措置を行う
    - ◇ 居宅サービスの措置（老人福祉法10条の4）
    - ◇ 養護老人ホームへの措置（老人福祉法11条1項1号）
    - ◇ 特別養護老人ホームへの「やむを得ない事由による措置」（老人福祉法11条1項2号）
    - ◇ 養護受託者への措置（老人福祉法11条1項3号）
- ■ 養護受託者には、医療機関や老人保健施設等がなることが考えられる
- ■ 措置のサービス種類には、主に「訪問介護、通所介護、短期入所生活介護、小規模多機能居宅介護、認知症対応型共同生活介護」などがある
- ■ 高齢者本人の福祉を図るために行われるべきもので、本人が同意していれば、家族が反対している場合であっても、措置を行うことは可能（全国介護保険担当課長会議資料、厚生労働省老健局、平成15年9月8日）
- ■ 適切に分離保護の決定ができるよう、市町村に居室を確保することも定められている（高齢者虐待防止法10条）

　「やむを得ない事由による措置」等を行うことについて定めた高齢者虐待防止法第9条2項の条文には、「養護者による高齢者虐待により生命又は身体に重大な危険が生じているおそれ」という言葉が出てくるため、これが「条件」であるように誤解される傾向があります。しかし、これは「例示」であって、条件ではありません。市町村はあくまでも、「やむを得ない事由」があるかどうかで判断することになります。この点について、日本社会福祉士会の「手引き」では、次のようにまとめています。

【参考】積極的な措置権限の行使が求められる状況

① 「生命又は身体に重大な危険の生じるおそれがある」場合に、高齢者の判断能力の有無にかかわらず、「やむを得ない事由による措置」をとる典型的な場合
② 高齢者の判断能力が低下し、必要なサービスが利用できない場合
　(例) 緊急性はないものの、認知症等で高齢者の判断能力が減退して高齢者の意思が確認できず、かつ、養護者が高齢者の生活に必要なサービスの利用を拒否している場合
③ 経済的な虐待があり、生活に必要な金銭が高齢者のために使われていない場合
　(例) 高齢者の金銭管理能力が低下し、養護者が金銭管理を行っている状況で、高齢者の生活に必要な医療・介護等のサービスが受けられていない、適切な食事が提供されていない、等の場合／高齢者に判断能力はあるが、経済的虐待があって、介護保険制度によるサービス利用の利用者負担金を支払うことができない場合
④ 高齢者が自ら助けを求められない場合（または求めようとしない場合）
　(例) 高齢者に判断能力はあるが、養護者の虐待をおそれ、あるいは養護者のことをかばい（共依存の場合も）、サービス利用を拒否する場合／施設や介護保険サービスへの無知や偏見等から、虐待を耐えてでもサービス利用を拒否する場合
⑤ 面会制限の適用が必要な場合
　(例) 高齢者自らが養護者等との分離を望んでいるにもかかわらず、養護者の過去の言動から、高齢者を自宅に連れ戻すことが予測される場合
　　※　①～④は老人福祉法第10条の4、第11条第1項すべてに該当する状況。
　　※　⑤は第11条第1項に該当する状況。

出典：「市町村・地域包括支援センター・都道府県のための養護者による高齢者虐待対応の手引き」
　　　社団法人　日本社会福祉士会、平成23年3月、125頁

(3) 面会制限について

　(2)の「やむを得ない事由による措置等」老人福祉法第11条1項の措置（老人ホームへの入所等）を行っている場合、高齢者と養護者の面会を制限できるようになっています。

面会制限について

- 高齢者虐待防止法第13条に基づくもの
- 市町村長や施設長が行うことができる
- 措置をした場合に必ず面会制限をするわけではなく、施設からの連れ帰りや、面会が高齢者本人にとって苦痛になる等が想定される場合に行われる
- 一度面会制限をしたら、二度と会えないということではなく、高齢者本人の意思の尊重、面会による影響を評価しつつ、制限を少しずつ解除することを目指す
- 老人福祉法第11条1項以外の分離―例えば、医療機関への入院や老人保健施設入所、ショートステイサービス利用等の場合には、市町村から、病院長や施設長の施設管理権に基づく面会制限を依頼するという方法をとる

---

(4) 成年後見制度の市町村長申立てについて

　高齢者虐待防止法では、必要に応じて成年後見制度の市町村長申立てや成年後見制度の利用促進を行うこととされています。東京都福祉保健局による「高齢者虐待事例分析検討委員会報告書」（平成25年3月）では、「早急に成年後見制度活用が必要と思われる状況例」として、「認知症等により本人の判断能力に低下があり、高齢者虐待を受けている事案の場合には、本人保護の観点から成年後見制度を利用すべきである。特に下記のような場合は、成年後見制度の利用について養護者が反対であっても早急な検討が必要である。」として、以下の5つの状況を例に挙げています。

・本人の支援について親族の間でも意見の対立があり、必要なサービスの利用などができない
・養護者に代わる家族・親族などがいない
・サービス利用を拒否するなど、養護者の存在が、本人に対する医療・介護サービスの提供の妨げとなり、十分な支援ができていない
・本人の収入・財産を管理している養護者が、適切に管理できない（していない）
・その他本人に関する事柄について適切に判断する支援者が必要である

　これらの状況で成年後見制度の活用が考えられるとされており、施設入所時の成年後見制度活用に限定されていません。ケアマネジャーとして成年後見人との連携が求められると考え、成年後見制度そのものについても、理解を深めておきたいものです。

ケアマネジャーと成年後見制度の関わり方については、本シリーズ③『あなたの悩みを解決できる！成年後見』をご参照ください。

4 ケアマネジャーが行うケアマネジメントの流れと高齢者虐待対応の流れの違い

ここで、ケアマネジメントの流れと高齢者虐待対応の流れの違いについて、確認しておきましょう。

図3 介護保険のケアマネジメントと高齢者虐待対応の流れの違い

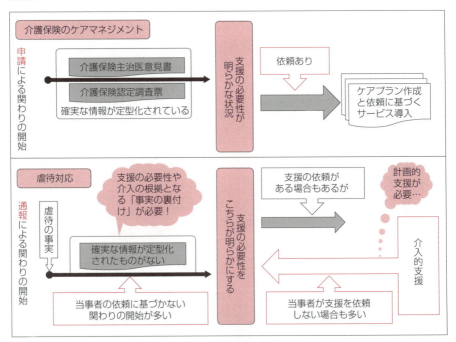

出典：（公財）東京都福祉保健財団　高齢者権利擁護支援センター作成のものを（公社）あい権利擁護支援ネットにて一部改変

(1) 関わりの開始の特徴

通常の介護保険のケアマネジメントは、「要介護（要支援）の認定申請」という当事者の申請に基づいて、関わりが開始されます。これに対して、高齢者虐待対応は、当事者以外の人からの「通報」という形で、関わりが開始されることの方が多いのです。**当事者の依頼に基づかない関わりの開始が多いという点が、高齢者虐待対応の特徴です。**

(2) 支援の必要性の把握の特徴

　介護保険のケアマネジメント上では、「主治医意見書」や「認定調査」という全国一律の考え方で、要介護認定が下ります。しかし、高齢者虐待の事実の発生の仕方は多岐にわたるため、虐待対応の「事実確認」では、一律に定型化された調査の形が存在するわけではありません。客観的事実の把握のための事実確認調査――当事者との面接や様々な情報収集（関係機関からの聞き取りや医療情報・経済情報の収集等）によって、市町村・地域包括支援センター職員が「当事者の支援の必要性」を明らかにしなければなりません。一律に「これを調べればよい」という形になっていないこと、支援の必要性について、要介護のような目安の設定がなく、個別事例での判断になっていることに、一つの特徴があります。

　よって、ケアマネジャーは適切な判断がなされるよう、それぞれのケースについて入手している情報を、市町村・地域包括支援センター職員に適切に提供しなければなりません。

(3) 事実の裏付けや対応の根拠が求められるという特徴

　介護保険のケアマネジメントは、「ケアプランを立ててほしい」「その介護保険サービスを受けたい」という当事者との契約によって、プラン作成もサービス導入も行われます。これに対して、高齢者虐待対応は、高齢者や養護者の「支援してほしい」という依頼がなかったとしても、そこに高齢者虐待が生じている（おそれがある）限り、市町村・地域包括支援センター職員はアプローチを続けることになります。これは、高齢者虐待対応が、市町村の高齢者虐待防止についての法的責任に基づいて行われるものだからです。

　時に、介入型支援（ハードアプローチ、詳しくは**ケーススタディ編 Case 4**を参照）をとることがあるため、なぜその支援が必要とされたのかを、市町村・地域包括支援センター職員が説明しなければならなくなることがあります。そのために「支援の必要性や介入の根拠となるような事実の裏

付け」を丁寧に情報収集しておこうとするのです。「その事実は、いつ、誰が、どのように、どうしたのか、なぜそうしたのか」という点について、丁寧な聞き取りが行われるのは、このためです。ケアマネジャーは、これらの聞き取りに答える役割を担うことになります。

(4) 段取り、手順を踏んだ計画的支援が求められるという特徴

　高齢者虐待対応では、当事者の依頼に基づかずに介入が行われることがありますが、その際には、様々な段取り、手順を踏んだ計画的支援を実施しなければなりません。安易な介入は、被害をより拡大させてしまうことがあるからです。例えば、高齢者がデイサービスで「息子に殴られる」と訴えたので、デイサービス終了後に、行政が息子に対して「殴ることは虐待です」と意識付けの指導をしたとします。何が起こるでしょうか？

　息子は「デイサービスで何か言ったのか！」と高齢者に更なる暴力を加えるかもしれません。デイサービスをやめてしまうかもしれません。当事者の反応を予測し、高齢者の被害が拡大しないように手順や段取りを踏んで対応していかなければなりません。介護保険のケアマネジメントとは違う、「高齢者虐待対応の支援計画」の必要性があるのです。

　この支援計画は、行政や地域包括支援センターの招集による個別ケース会議によって立てられます。計画そのものの責任は市町村にあり、司会等のコーディネーターの役割は地域包括支援センターが担います。ケアマネジャーは、これまでの関わりの中で把握している高齢者、家族の情報を丁寧に伝え、一緒に見立てを行い、適切な手立てを考える役割を果たすことになります。

(5) 調査結果から分かる対応傾向

Step 4の最後に、調査結果から分かる対応傾向についてご紹介します。

表1 平成27年度 養護者による高齢者虐待対応の状況

		人数	構成割合
被虐待高齢者の保護として虐待者から分離を行った事例		6,381	29.2%
内訳 構成割合は「分離を行った事例」を100%とした場合	契約による介護保険サービス利用	2,153	33.7%
	老人福祉法に基づくやむを得ない理由等による措置	874	13.7%
	緊急一時保護	633	9.9%
	医療機関への一時入院	997	15.6%
	上記以外のすまい・施設等の利用	1,138	17.8%
	虐待者を高齢者から分離	485	7.6%
	その他	101	1.6%
被虐待高齢者と虐待者を分離していない事例		11,054	50.7%
内訳 構成割合は「分離していない事例」を100%とした場合 (複数回答)	養護者に対する助言・指導	5,795	52.4%
	既に介護保険サービスを受けているが、ケアプランを見直し	2,871	26.0%
	被虐待高齢者が新たに介護保険サービスを利用	906	8.2%
	被虐待高齢者が介護保険サービス以外のサービスを利用	640	5.8%
	養護者自身が介護負担軽減のための事業に参加	324	2.9%
	その他	1,755	15.9%
現在対応について検討・調整中の事例		512	2.3%
虐待判断時点で既に分離状態の事例		2,215	10.2%
その他		1,654	7.6%
合計		21,816	100.0%

出典:「平成27年度高齢者虐待の防止、高齢者の養護者に対する支援等に関する法律に基づく対応状況等に関する調査結果」厚生労働省、21頁、22頁より作成

Step 4　通報の後ってどうなるの？〜高齢者虐待対応の流れ〜

　平成27年度厚生労働省調査結果によると、高齢者虐待対応の状況は、分離を行った事例が約30%、分離をしていない事例が約50%となっています。

　分離を行った事例を100%としたとき、そのうちの約34%が契約によるサービス利用となっており、ここにケアマネジャーの活躍を読むことができます。また、分離していない事例を100%とした時、そのうちの約26%はケアプランを見直しており、約8％は新たに介護保険サービスを利用しています。つまり、事実確認が終了し、様々な課題に応えていく段階では、ケアマネジャーが活躍していることが読み取れます。

　ケアマネジメントと虐待対応がどのように連動していくのか、ケアマネジメントをしていく上でどのような工夫が求められているのかは、**ケーススタディ編**に著しています。事例を通した説明から、学びを深めてください。

　虐待対応の法的責任は市町村にあり、事実確認調査や課題整理の中核を地域包括支援センターが担ったとしても、終結していくためにはケアマネジャーの活躍が欠かせないといえるでしょう。

　時に、地域包括支援センター職員に高齢者虐待対応の知識が不足していて虐待対応を適切にしてもらえず、ケアマネジャーとして苦しい思いをすることがあるかもしれません。これは、地域包括支援センターの職員全員が、高齢者虐待対応研修を受けることができない社会状況にあることによるものと思われます（必ず受けるべき研修としての位置付けにないのです）。その場合には、ぜひ、本書を使って正しい対応について共に学んでください。また、市町村の所管に相談してみるという方法も有効でしょう。高齢者虐待対応の法的責任は、市町村にあるのです。責任主体に相談するという方法も試みてください。

Step 5 高齢者虐待防止法と基本的視点

Step 5では、改めて高齢者虐待防止法と基本的視点について学びます。

1 高齢者虐待防止法成立の背景

「高齢者虐待の防止、高齢者の養護者に対する支援等に関する法律」…通称、高齢者虐待防止法は、「児童虐待の防止等に関する法律」（児童虐待防止法）や「配偶者からの暴力の防止及び被害者の保護等に関する法律」（ＤＶ防止法）の成立に影響を受ける形で議員立法によってスピード可決され、超高齢社会に対応すべく平成18年4月から施行されています。

介護保険制度の成立により、高齢者福祉施策は「措置（行政による判断でのサービス導入）から契約へ」という大きな方向転換がなされました。自己選択、自己決定、自己責任による契約でのサービス利用が原則となり、介護保険サービスを自分の意思で選ぶことができるようになりました。「老人福祉法における措置（やむを得ない事由による措置等）制度」そのものがなくなったわけではありませんでしたが、多くの市町村が措置を実施することはなくなりました。結果として、家族がサービス利用の選択を許さなかったり、高齢者本人が「助けてほしい」と言ってくれない（言うことができない）状態の高齢者虐待事例に、積極的な対応をとることができなくなりました。

当時は警察も「民事不介入」という考え方で、家庭内の揉め事に積極的に介入したがらなかった時期にあったため、ケアマネジャーや介護保険サービスの事業者は、このような高齢者虐待のケース対応に苦慮し、各地域で「困難事例化」していました。このような中で高齢者虐待防止法の必要性が認識され、公的責任による虐待の解消と養護者支援が、明確に示されたのです。

2 高齢者虐待防止法の特徴

高齢者虐待防止法について、簡単に紹介すると、次のようになります。

高齢者虐待防止法のポイント

- 高齢者とは「65歳以上の者」。
  ※65歳未満の第2号被保険者で虐待を受けているケースを担当している場合は、障害者虐待として、通報(相談)しましょう。

- 「養護者による高齢者虐待」と「養介護施設従事者等による虐待」の二つに大別される。

- 養護者とは「高齢者を現に養護する者」のことで、「高齢者と同居していたり通ったりしながら、介護・世話をしている者」を指す。
  ※親族関係にあるかどうかは、関係していません。近所に住んでいて、しばしば高齢者の家に食事を差し入れ、サービスについてあれこれと意見をしている人は、「養護者」と考えられます。

- 養介護施設従事者とは「介護保険法、老人福祉法で規定されている施設・事業の業務に従事している者」を指す。
  ※施設に限っていないため、ケアマネジャーも「養介護施設従事者」に含まれます。

- 養護者による高齢者虐待対応は、市町村・地域包括支援センターが通報を受けて対応する。

- 養介護施設従事者等による高齢者虐待対応は、市町村が通報を受け、必要に応じて都道府県と連携して対応する。

- 高齢者虐待の種別は、身体的虐待、介護・世話の放棄・放任、心理的虐待、性的虐待、経済的虐待の5種別。

- 介護・福祉・保健医療等の関係者に、早期発見の努力義務や協力の義務がある。

- 高齢者虐待を受けたと思われる高齢者を発見した者に、通報義務がある。

- 養護者虐待対応における市町村の権限行使として、必要に応じて「立入調査」「老人福祉法におけるやむを得ない事由による措置等の実施」「面会制限」「成年後見制度の市町村長申立て」を行うこととされている。

- 財産上の不当取引の防止として、消費者被害の防止についても明記している。

- 成年後見制度の利用促進を求めている。

3 高齢者虐待防止法が目指していること（法の趣旨）

高齢者虐待防止法の趣旨（目的）を確認しましょう。

> **第1条** この法律は、高齢者に対する虐待が深刻な状況にあり、高齢者の尊厳の保持にとって高齢者に対する虐待を防止することが極めて重要であること等にかんがみ、高齢者虐待の防止等に関する国等の責務、高齢者虐待を受けた高齢者に対する保護のための措置、養護者の負担の軽減を図ること等の養護者に対する養護者による高齢者虐待の防止に資する支援（以下「養護者に対する支援」という。）のための措置等を定めることにより、高齢者虐待の防止、養護者に対する支援等に関する施策を促進し、もって高齢者の権利利益の擁護に資することを目的とする。

この条文から、この法律が「高齢者の権利利益の擁護」を目的にしていること、そのために必要な高齢者に対する保護のための措置や、養護者の支援を行おうとしていることが分かります。また「高齢者の尊厳の保持」のために「高齢者に対する虐待を防止することが極めて重要」と示しており、介護保険法の目的との重なりがみてとれます。

このことからも、ケアマネジャーが虐待防止について深く理解しておく必要性が感じられるでしょう。

4 高齢者虐待対応における基本的考え方と視点

日本社会福祉士会の「手引き」では、高齢者虐待対応における基本的考え方と視点を 表1 のようにまとめています。

表1 高齢者虐待対応における基本的視点

高齢者への支援の視点	養護者への支援の視点
・自己決定への支援 ・本人保護と危機介入 ・高齢者が安心して生活を送るための環境整備	・高齢者と養護者の利害対立への配慮 ・虐待の発生要因と関連する課題への支援 ・養護者支援機関へのつなぎ

出典：「市町村・地域包括支援センター・都道府県のための養護者による高齢者虐待対応の手引き」
　　　社団法人　日本社会福祉士会、平成23年3月、22頁、23頁より作成

表1 からは、特に、高齢者の支援の最後をケアマネジャーが担っていくことになる点が読み取れます。また、高齢者と養護者の利害対立へ配慮しながら、高齢者と養護者のそれぞれへの支援を担う者が必要とされていくことが分かります。

事例によって、ケアマネジャーに求められる役割は変わりますが、高齢者虐待に対応していく上で、ケアマネジャーが欠くことのできない重要なチームメンバーとして位置付けられていることを認識しておきましょう。

5 虐待が解消できる未来を信じること

ケアマネジャーとしてずっと関わってきたのに、虐待が発生し、地域包括支援センターに連絡をする…「もっと自分にできたことがあるのではないか？」と自分を責める思いになることもあるかもしれません。築いてきた信頼関係や微妙なバランスが、地域包括支援センターの関わりによって崩されてしまうのではないか？と不安を覚えるかもしれません。

実際に、様々な背景が絡んで生じている虐待を解消するとき、そこにあるシステム…家族はゆらぐことがあります。そのゆらぎの中で、今までの信頼関係や微妙なバランスが変わっていくことは、起こり得る事態です。そして、せっかく通報をしたのに、なかなか虐待が解消されないことに、いらだつこともあるかもしれません。

しかし、この変化は新たな関係の入り口なのです。**「虐待」を誰かの「失敗」として責める姿勢で関わるのではなく、社会の中で生じてきた結果としてとらえ、どうしたら虐待を解消できるのかを考える未来志向で関わることが、そこで生活している高齢者や養護者の力の源になります。**虐待が解消していく未来を信じて、変化をしていく本人や養護者を支えていきたいものです。

ケーススタディ編

Case 1 どんどんケアができなくなっていく…認認介護が不安です。

事例のポイント

- 認知症のある重介護状態の利用者を、認知症になった夫が介護する認認介護
- 孤立状態の介護（ワンオペ介護）
- 結果的な放棄・放任

事例の概要

倫子さん（仮名、79歳）女性

- 要介護度：要介護4
- 疾患名：脳梗塞後遺症、右麻痺と脳血管性認知症あり
- 家族：夫 健太郎さん（仮名、84歳、要支援2）と同居、他に親族はいない
- 経済状態：倫子さんは無年金、健太郎さんには月額7万円の国民年金あり、預貯金なし
- 住まい：古い木造住宅（借地、不動産の名義は夫）
- 利用中のサービス：デイサービス週2回、福祉用具貸与

Case 1　どんどんケアができなくなっていく…認認介護が不安です。

　倫子さんは、夫の健太郎さんと二人暮らしです。以前は、二人でお豆腐屋さんをやっていましたが、歳をとって続けていくことが難しくなり、お店をたたみました。

＜倫子さんの脳梗塞＞

　二人で仲良く暮らしていましたが、5年前に倫子さんが脳梗塞を発症、右半身に麻痺が残り、脳血管性認知症になりました。立上がりは介助があればできますが、一人で歩行することは難しい状態です。夫の健太郎さんが主たる介護者として倫子さんのケアをするようになり、ケアマネジャーの関わりが始まりました。健太郎さんは、「お金の問題があるから、そんなにたくさんサービスは使えない」と言いましたが、「家だとゆったりお風呂に入れてやれない」「デイサービスは週に2回利用したい」と言い、倫子さんも喜んでデイサービスを利用していました。

＜健太郎さんの認知症発症＞

　状況が変わったのは1年ほど前です。健太郎さんの言動が、ちぐはぐになってきました。今が朝なのか昼なのか分からなくなったり、買い物に行って帰ってくるのに迷ったり、パジャマのまま出かけてしまったり…。心配したケアマネジャーの勧めもあって医療機関を受診したところ、健太郎さんに「アルツハイマー型認知症」の診断が出ました。

　ケアマネジャーが「倫子さんの特別養護老人ホームの入所申込みをしませんか？入所を待つ間もショートステイを利用して、健太郎さんは少し休んだらどうでしょう？」と勧めても、「今まで自分に尽くしてくれた倫子を他人に任せるなんて、絶対に嫌だ。自分が介護をする。大丈夫、できる」と言って、健太郎さんは譲りません。部屋中にメモを貼って、できるだけ大切なことを忘れないように努力しながら、倫子さんのケアを続けていました。しかし、次第に、倫子さんの食事介助や排泄介助を忘れることが多くなりました。

ケアマネジャーの悩み

「お金の問題があるから」「他人に任せるなんて嫌だ」「自分が介護する、大丈夫」とサービス利用を断られてしまうと、無理に勧めることはできません。でも、倫子さんの体重が少し減り、表情もなくなってきてしまいました。デイサービスに来るとき、いつ替えたのか分からない紙おむつはぐっしょりと濡れ、倫子さんの服まで染み出していると聞いています。

この間の私の訪問で、健太郎さんはぼんやりとしている感じで、明らかに疲れ切っていました。健太郎さんに、特別養護老人ホームの申込みやショートステイサービスの利用を再度勧めてみましたが、受け入れてもらえませんでした。

このままでは、健太郎さんも倒れてしまうのではないかと心配です。健太郎さんが倒れてしまうと倫子さんもご無事ではいられないと思います。不安でたまりません。

問題解決のためのアドバイス

これは、「**放棄・放任**」という高齢者虐待が生じている状態です。健太郎さんに悪気は全くありませんが、このままサービス利用を勧め続けても、健太郎さん自身にアルツハイマー型認知症があり、この状態をどうやって解決するかという視点で、倫子さんのサービスを決めることが難しそうです。このままだと二人の生活や命に関わります。今が通報（相談）のタイミング。すぐに知らせましょう。

解説

結果的に生じる虐待

「不適切な扱い」を虐待ととらえることを学んできました。自覚がない結果的なものも、虐待ととらえることが大切です。

図1 高齢者虐待防止法の「虐待」の考え方

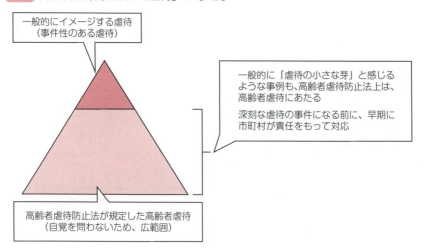

出典：大渕修一監修「高齢者虐待対応・権利擁護実践ハンドブック」法研、2008年、26頁を一部改変

「誰にも任せないこと」のリスクを読み取る

夫が妻を介護する場合、「他の誰にも介護を任せたくない」という思いをもっていることがあります。今までの妻への感謝や配偶者としての責任感が背景にあり、これ自体は否定されるべきものではありません。しかし「誰にも任せない介護」には、リスクがあります。厚生労働省の経年の調査結果から、夫による介護の場合、心中リスクが高いことが分かっています。このような思いの強い介護者には、「夫には夫の」「妻には妻の」それぞれの人生があり、社会全体で支えていくというメッセージを伝えながら関わることが大切です。

介護保険のマネジメントだけでは解決できない発生要因もある

　以下は、平成27年度の厚生労働省調査結果で発表された「養護者による高齢者虐待の発生要因」の上位10項目です。この項目から、介護保険のケアマネジメントだけでは解決できない発生要因があることが分かります。

表1　虐待の発生要因（総数5,276件。複数回答）

要因	件数	割合
虐待者（養護者）の介護疲れ・介護ストレス	1,320	25.0%
虐待者（養護者）の障害・疾病	1,217	23.1%
被虐待者の認知症の症状	852	16.1%
経済的困窮（経済的問題）	759	14.4%
被虐待者と虐待者（養護者）の虐待発生までの人間関係	666	12.6%
虐待者（養護者）の性格や人格（に基づく言動）	550	10.4%
虐待者（養護者）の知識や情報の不足	511	9.7%
虐待者（養護者）の飲酒の影響	359	6.8%
虐待者（養護者）の精神状態が安定していない	345	6.5%
被虐待者の精神障害（疑い含む）、高次脳機能障害、知的障害、認知機能の低下	210	4.0%

出典：「平成27年度 高齢者虐待の防止、高齢者の養護者に対する支援等に関する法律に基づく対応状況等に関する調査結果」厚生労働省、15頁

　倫子さんのケースの場合にも、「**放棄・放任**」の背景には世帯の経済的問題があります。そのための支援体制をできるだけ早く組んでいく必要があるのです。

Case 1 どんどんケアができなくなっていく…認認介護が不安です。

ケアマネジャーの悩み

こんなに一生懸命がんばってきた健太郎さんが「虐待している」なんて、可哀想で。それに、この5年間、倫子さんとも健太郎さんとも信頼関係を築いて関わってきたつもりです。地域包括支援センターに担当されて私が関われなくなってしまうと、今後のケアマネジメントに大きなダメージがあるような気がします。

問題解決のためのアドバイス

関われなくなるわけではありません。ケアマネジメントの担当者である限り、ケアマネジャーとしての関わりは継続します。**ケアマネジャーから地域包括支援センターへバトンタッチするのではなく、それぞれ別々の関わりが同時並行にあるのです。**

解説

チームによるアプローチ

ケアマネジャーは、利用者（被虐待高齢者）とその介護者を支える介護保険サービスを調整し、束ねています。通報後、地域包括支援センターは、事実確認調査を行い、その他に必要な関係機関に関わりを求め、介護保険の枠組みを超えたチームをコーディネートしていきます。

このケースの場合だと、世帯の経済的問題に対応するチームの導入が必要と考えられるため、生活保護担当や、生活困窮者相談窓口へ、関わりを求めることになるでしょう。

73

ケアマネジャーと地域包括支援センターの役割の違い

- ケアマネジャー等は、契約に基づいて関わり、高齢者の日常を支えるケアを担当（虐待対応中もケアを担当）
  ・高齢者虐待防止法における発見努力義務・通報義務、支援協力および連携の役割
- 市町村・地域包括支援センターは、高齢者虐待防止法の法的責任に基づいて関わり、虐待を解消するための計画を担当（ポイント的関わり）
  ・虐待対応における事実確認、支援計画の策定は市町村・地域包括支援センターの役割

契約に基づいて関わっているケアマネジャーは、契約解除と言われた場合には、そのケースにそれ以上は関われなくなります。これに対して、市町村・地域包括支援センターは法的責任に基づいた関わりのため、「もう来るな！」と言われたとしても訪問を続ける立場にあります。立場が違うため、役割が違います。よって、通報後は、適切な役割分担の上で、それぞれの役割に応じて関わることになります。

事例の経過

ケアマネジャーの通報後、健太郎さんも地域包括支援センターの職員からの説得に応じ、最終的に、申し込んでいた倫子さんの特別養護老人ホームへの入所が決まりました。「虐待が生じている」という点を入所判定委員会が考慮して、順番を繰り上げてくれたのでした。それと同時に、行政から健太郎さんへ働きかけがあり、倫子さんのみ生活保護を受給することになりました。リバースモーゲージの活用も検討されましたが、住宅の状況から難しいとのことで、生活保護担当が「虐待事例」ということで妻のみの受給を認めてくれたのでした。

ケアマネジャーは、今度は健太郎さんも担当することになりました。健太郎さんは、今は毎日のように倫子さんの面会に通っています。

今後の課題

健太郎さんは、アルツハイマー型認知症の進行に伴い、金銭管理を行うことが難しくなりました。今は社会福祉協議会の日常生活自立支援事業を利用していますが、いずれは成年後見制度の活用が必要となることが予測されます。健太郎さん自身の成年後見制度活用のための申立支援を、地域包括支援センターが始めたところです。

虐待って言うのは可哀想？

こんなに一生懸命に介護している人を「虐待をしている」ととらえることに抵抗を感じることもあるでしょう。しかし、この状態を虐待ととらえるからこそ、特別養護老人ホームへの優先的な入所や生活保護受給が叶ったのです。

「高齢者虐待」という線引きは、人権を護るための公的支援の導入を始めるための線引きです。虐待ととらえることで、つなげやすくなる支援があるのです。早期発見・早期通報によって、護れる権利、救える命があると信じて、高齢者虐待をとらえ、行動していきましょう。

Case 2 熱心だけど、スパルタ過ぎる…行き過ぎたリハビリが気になります。

事例のポイント

- 妻の指示による痛みを伴うリハビリの強要（身体的虐待）
- 原因がはっきりしないあざ（内出血斑）
- あざ笑うような言葉かけ（心理的虐待）
- 介護が必要とされる前からの人間関係

事例の概要

誠さん（仮名、81歳）男性
- 要介護度：要介護2
- 疾患名：パーキンソン病
- 家族：妻　貴代さん（仮名、74歳、介護保険非該当）と同居、海外に長男家族がいる
- 経済状態：誠さんは大学教授だったため、経済的に不自由していないと思われる。貴代さんは年金月7万円
- 住まい：誠さん名義の2階建ての一軒家
- 利用中のサービス：デイサービス週2回（入浴目的）

Case 2 熱心だけど、スパルタ過ぎる…行き過ぎたリハビリが気になります。

　誠さんは、妻の貴代さんと二人暮らしです。誠さんは大学で経済学の研究を続けてきた元教授で、貴代さんは夫を支えてきました。一人息子の長男は商社に勤めており、海外で生活しています。2年ほど前に誠さんに手指のふるえが出現、パーキンソン病の診断が出て、ケアマネジャーが関わるようになりました。現在は要介護2で、デイサービスに週2回通いながら生活しています。

＜厳しい口調＞

　妻の貴代さんは、誠さんに、食事の時はこんな言葉をかけています。
　「子どもみたいに食べこぼして、恥ずかしくないんですか？」
　「昔の教え子の皆さんは、こんな姿を見たらどう思うかしらね」
　ケアマネジャーは「介護ストレスがたまっている」と感じたので、もう少しサービスを増やしたり、貴代さんも気晴らしに出かけたりすることを提案してみました。しかし、「家のことをやらなきゃいけないから」と言って、受け入れてはもらえませんでした。

＜階段の昇り降りの強要とあざ＞

　しかも、貴代さんは「体を動かさないとどんどん動かせなくなるから」と言って、家の階段の昇り降りを30往復するように誠さんに指示しています。今の誠さんには、伝い歩きで昇り降りをすることは難しく、四つん這いになって階段を昇り、降りる時は腰をかけて一段一段降りています。息を切らせて止まってしまうと、「止まらないで動かして！寝たきりになりたくないでしょう」と貴代さんが急かします。
　最近の訪問では、誠さんの額や頬にあざが見られるようになりました。ケアマネジャーが「ここ、どうされました？」とあざを指差して尋ねても、誠さんは黙って首をふるだけで、どうしてできたのかは教えてもらえません。貴代さんは「いやだわ、いつぶつけたんですか？」という返事です。

> ケアマネジャーの悩み

　リハビリに熱心なのはいいことだと思いますが、今の誠さんの病態で、階段の昇り降りを毎日30往復するのは行き過ぎです。主治医に確認したところ「それは逆効果だね」という見解でしたので、貴代さんにもその言葉を伝えました。「もう一度、パーキンソン病の進行について主治医の説明を聞きに行きませんか？」と提案したのですが、「分かってます。でも、この人には、これくらいでいいんです」と言って受け入れてはくれません。

　ＰＴによる訪問リハビリや、医療機関にリハビリに通うことも提案してみましたが、「そこまでやってあげる必要はありません」と言います。行き過ぎたリハビリをさせられている誠さんがつらそうで、見ているこちらまでつらくなってきます。

　でも、暴力まであるかどうか、はっきりしないのです。顔面のあざも原因が分からなくて。

> 問題解決のためのアドバイス

　あざの原因を、私たちケアマネジャーがはっきりさせる必要はありません。

　医学的判断に基づかない痛みを伴うリハビリを強要する行為は、**身体的虐待**に該当します。あざの理由がリハビリのつもりの階段の昇り降りの際の転倒によるものであっても、暴力行為によるものであっても、身体的虐待があると思われる状態なので、地域包括支援センターに相談しましょう。

　また、食事の時の「あざ笑うような言葉かけ」は**心理的虐待**に該当していると思われます。このことも伝えていきましょう。

Case2 熱心だけど、スパルタ過ぎる…行き過ぎたリハビリが気になります。

> 解説

一見熱心な介護に潜むリスク

　熱心に介護をしている介護者をしっかりと支えたい―ケアマネジャーなら誰しもそう思います。しかし、その熱心さが利用者本人の思いと逆を向いている時、ジレンマを感じることも多いのではないでしょうか？熱心に行っていることを否定すると、介護者が介護意欲をなくしてしまい、結果として利用者本人のためにならないのではないか…？悩ましいところです。

　このような場合、このケースのケアマネジャーのように、介護者が熱心にやらせているリハビリが本人にとって悪影響になること、効果的なリハビリはどのようなものなのかを説明することが大切です。主治医や保健所保健師等から、専門的な説明を受ける方が納得を得られやすい介護者もいます。ケアマネジャーだけで説明しようと考えず、もっとも効果的に説明してくれるのは誰かを考えて、依頼することが大切です。

　そして、それでも熱心さの方向性が変えられない時には、その熱心さは本人の人権を侵害し続けてしまうものになっていますので、虐待ととらえなければなりません。

様々な背景の可能性

　このような熱心さには、様々な背景があることが予測されます。今回、ケアマネジャーは貴代さんにパーキンソン病という疾患の理解が不足しているのではないか？と考えていますが、それ以外にも次のような背景がある可能性が考えられます。

- 貴代さんは、主治医のことを信頼していないので、主治医の説明では動かない
- トイレに行けなくなった夫を介護できる自信はないので、できる限り歩行してほしいと考えている
- 貴代さんは経済的不安を感じていて、施設入所に否定的
- 一人で生活するのは寂しいので、夫と一緒にいたい
- 誠さん自身が、「施設に行くのは嫌だ」と言っていた
- 今までの経緯から、貴代さんは誠さんに遺恨を感じていて、甘やかすのは嫌（例えば、今まで誠さんから受けていたDVの仕返し…）

など

背景にあるものによって、効果的対応は違う

　このように様々な背景が考えられますが、その**背景にあるものよって、効果的対応は違います**。そして、何が背景にあるのかをはっきりさせるには、多くの情報が必要です。行政や地域包括支援センターの事実確認調査が必要なのです。

Case 2 熱心だけど、スパルタ過ぎる…行き過ぎたリハビリが気になります。

ケアマネジャーの悩み

誠さんは、全く会話ができない方ではありません。でもあざのことを尋ねても黙って首をふるだけで、「暴力を受けている」とは言いません。私が通報することを、誠さんは望んでいないような気がするのですが…。

問題解決のためのアドバイス

これが、パワレス状態（P.14参照）と言われるものです。被害を受けているということを、虐待に至っている人の前では言うことができません。また「自分が病気になったせいで妻に迷惑をかけている。だからこういう状態になっている」と考えやすいので、自分から「助けてほしい」とは、なかなか言うことができないのです。

誠さんが話をしたがらないのに、無理に詳しい事実を聞き出そうとする必要はありません。また、地域包括支援センターが「ケアマネジャーから相談を受けたので訪問に来た」と、誠さんや貴代さんに伝えることはありません。

今の時点での「見たまま、聞いたまま」を知らせましょう。

事例の経過

　地域包括支援センターに通報した後、地域包括支援センター職員は、「パーキンソン病の家族会がこの地域で立ち上がったので、その案内をしている」という形で、訪問をしてくれました。そして、医療機関と連携して効果的なリハビリについて説明しましたが、貴代さんは聞き入れませんでした。

　ちょうど、海外にいる長男一家が一時帰国したため、地域包括支援センター職員、市職員が長男と面接を行いました。長男は「母は、父が病気になる前まで、若い頃から父に暴力を受けて、罵られてきた。その頃のくやしい気持ちが強いので、今の状況を変える気はないと思う。自分も幼い頃からずっと『母が可哀想だ』と思ってきたので、『父は自業自得だ』と思う」と話しました。

　行政は長男に「今の状態は、法律上は高齢者虐待ということになります。苦しんできたお母さんを楽にしてあげるためにも、お父さんとお母さんの生活を分けるお手伝いをしてもらえませんか？」と伝えました。その後、長男が貴代さんを説得、誠さんのグループホーム入所が決定し、長男の友人の弁護士が誠さんの成年後見人になりました。

今後の課題

　貴代さんは、モニタリング訪問に訪れた地域包括支援センターの職員に、「完璧に家事も介護もしてきたので、ここのところ、ちょっと気が抜けちゃってボーっとしちゃうわ」と言っていたそうです。「一人暮らしになった貴代さんのフォローがこれからの課題」と地域包括支援センター職員は言っています。

貴代さんに必要な支援は、過去の悲しさ、くやしさの癒し

　長男からの聞取りによって、貴代さんはＤＶ被害者だったことが分かりました。このように、今の加害者はかつての被害者であることも多いものです。
　ＤＶから逃げられる社会体制が整う以前、離婚が当然の選択肢の一つになる前は、ＤＶ被害者は暴力・暴言等のＤＶから逃げる術をもちませんでした。介護者として支援されても、その頃の悲しさ、くやしさは癒されません。ＤＶ被害者のための支援を受ける必要があります。各市町村の婦人相談や、都道府県に設置されているＤＶ被害者向けの電話相談等、専門の支援者による傾聴や共感による回復が必要になります。必要な支援につなげていきたいものです。

どのような人の権利も、平等に護る

　長男は「父は自業自得」と、誠さんのことを話しました。今虐待を受けている高齢者が、かつての加害者だと分かると、私たち支援者も「自業自得でしょう？」という思いになることがあります。しかし、私たちは「この人はいい人だから救わなければならない。この人は悪い人だから、虐待されても仕方がない」と、人を裁く立場にはありません。そもそも、完璧な人しか権利が保障されないとしたら、完璧な人など、存在しているでしょうか？ **どのような過去のある人であっても、「虐待を受けてもかまわない人はいない」という姿勢が、人権を護る上で必要とされます。**

Case 3 「母親を殴ってしまいました」という連絡を受けて、言葉に詰まってしまいました…。

事例のポイント

- こだわりの強い介護（清潔さへのこだわり）
- 怒鳴る（心理的虐待）
- 叩く（身体的虐待）
- 度重なる事業者変更（放棄・放任）
- 本人の強い拒否（セルフ・ネグレクト）

事例の概要

弘子さん（仮名、86歳）女性

- 要介護度：要介護2
- 疾患名：アルツハイマー型認知症
- 家族：息子　剛さん（仮名、57歳、無職）と同居、夫は10年前に死亡。長女がいるが、関係は悪く、連絡先不明
- 経済状態：遺族年金をあわせて月15万円
- 住まい：弘子さん名義のマンション
- 利用中のサービス：デイケア週2回、訪問看護週1回

Case3 「母親を殴ってしまいました」という連絡を受けて、言葉に詰まってしまいました…。

　弘子さんは、夫を10年前に亡くし、息子の剛さんと二人暮らしです。別居の長女がいるのですが、もう何年も関係が悪く、連絡先も分からない状態です。

　1年半ほど前から弘子さんの物忘れが目立つようになり、アルツハイマー型認知症の診断が出ました。今は、デイケアや訪問看護を利用しながら生活しています。

＜剛さんのこだわり＞

　剛さんは、スケジュールどおりに過ごすこと、家の清潔を保つことに強いこだわりがあります。例えば、ケアマネジャーは訪問するとき、玄関口で靴や服についたほこりを払って、全身を噴霧により消毒してから入室するよう言われます。訪問時間が1分遅くても、5分早くても、事業所にクレームが入ります。デイケアの送迎の時間や訪問看護の時間にも厳しく、そのことが原因で今まで三度、事業所を変えました。

　弘子さんが家を汚すことに対してもとても厳しく、食事中はずっと「こぼすなよ」「汚すなって」と怒鳴っています。怒鳴られることは、アルツハイマー型認知症の人にとってストレスになること、病気の進行を早めかねないことを剛さんに説明すると「それは困る」と言います。でも、怒鳴ることは止められないようです。怒鳴ってはいますが、お母さんである弘子さんをとても大切に思っていることも、介護している姿からは伝わってきます。

＜弘子さんが嫌がる＞

　少しでも二人が離れる時間を作った方がいいと思い、ケアマネジャーはショートステイサービスの利用を提案しました。しかし、弘子さんは自宅以外の場所に泊まるということを嫌がります。はっきりと「絶対に泊まりたくない」と言われてしまうと、ショートステイに行っても暴れるのではないか…と心配で、無理強いできません。そういう弘子さんを見て、剛さんも「母親が嫌がるからダメ」という考えです。

<「殴ってしまいました」という電話連絡>

そのような中、ある時「母親を殴ってしまいました」という電話連絡が、剛さんからケアマネジャーに入ってきました。

ケアマネジャーの悩み

「殴ってしまった」と言われて、どう答えたらいいのか分からなくなりました。訪問した方がいいと思うのですが、一人で行くのは怖いです。剛さんと信頼関係を築いてきたつもりですが、何があるか分からないし、どう対応したらいいのかも分かりません。

ここまでなんとかがんばってきたつもりだったのですが、こんなことになってしまったのは私のせいですか？

問題解決のためのアドバイス

このケースは既に、**心理的虐待**と思われる状態になっていました。怒鳴ることを止めることができなかった時点で、通報しておきたかったところです。

しかし、**暴力行為の責任は、暴力行為を起こした人にあります。ケアマネジャーの責任ではありません。**「私のせいで暴力が起きた」と自分を責めるのはやめましょう。

このような連絡を受けた場合には、訪問してから地域包括支援センターに連絡をするのではなく、先に地域包括支援センターへ連絡をしてください。暴力行為の現場へ一人で訪問することには、高いリスクを伴います。地域包括支援センターや行政の職員、時には警察へ連絡をして、一緒に訪問しましょう。先に行政職員・地域包括支援センター職員による虐待の事実確認が行われ、その後、落ち着いた頃にケアマネジャーが訪問するように、という指示があるかもしれません。

Case 3 「母親を殴ってしまいました」という連絡を受けて、言葉に詰まってしまいました…。

ケアマネジャーの悩み

でも、この電話の後に地域包括支援センターが訪問したら、私が知らせたことが分かってしまいますよね？それは困ります。

問題解決のためのアドバイス

　そのことも含めて地域包括支援センターに相談しましょう。この電話で「地域包括支援センターや行政に相談して訪問する」ということを伝えてしまうと、剛さんが追いつめられて、より大きな暴力が生じる可能性があります。

　このような電話を受けた場合には、電話で下記の対応をとりましょう。

　電話が終わったら、すぐに地域包括支援センターや市町村の通報窓口に知らせてください。

電話対応の例

・知らせてくれたことへの感謝：「よく知らせてくださいました」

・本人の様子の確認：「弘子さんはどのようなご様子ですか？」
　⇒　返答によって、救急車を呼ぶように伝える

・剛さんの様子の確認：「剛さんはどのようなご様子ですか？」
　⇒　返答によっては、すぐに病院に行くように伝える

・訪問の約束：「すぐに訪問しますね」
　⇒　自分が行けない時でも、代理の者の訪問を約束する。「代わりの者を行かせますね」

・危険を感じる時には、訪問の約束はせず、「上の者に報告して、また連絡します」と伝える

> 解説

不適切なこだわりの強い介護は虐待

　適切な清潔さの保持は、弘子さんの生活上、とてもありがたいものです。しかし、食事のたびに介護者が怒鳴り続けるということになると、これは「行き過ぎたこだわり」「不適切なこだわり」です。怒鳴り続けていますので、**心理的虐待**です。

　また、スケジュールのある生活そのものはよいのですが、1分遅れてもダメと考えて介護者がたびたび事業者変更を行うと、弘子さんの生活が安定しません。このような度重なる事業者変更は、「本人に必要な介護サービスを妨げている」と考え、**放棄・放任（ネグレクト）**ととらえます。

　こだわりが強い介護には、その裏側に深い愛情があることも多いため、「虐待とまで言わなくてもいいんじゃないか」と考えられやすいものです。しかし、「愛していれば怒鳴っていいのか」「愛していれば殴っていいのか」と問いかければ分かるはずです。愛していても、虐待してよい理由にはなりません。

権利侵害を拡大させないために、「虐待」ととらえる

　殴ったことを素直に連絡してくれたし、反省しているから、今回は通報しないという選択をするケアマネジャーもいるかもしれません。しかし、一度暴力を見逃すと、どの段階の暴力になったら連絡するのかという判断をしなければならなくなります。そして、「どうやら、大ごとにならないらしい」という甘えを剛さんがもってしまうと、しばしば暴力行為が激化して頻発するようになります。

　暴力行為を続けさせないことも剛さんへの支援の一つなのです。**家族間であっても、暴力は許されないということを説明するのは、虐待対応従事者である地域包括支援センターや行政、警察の役割です。役割のある人に知らせてください。**

Case 3　「母親を殴ってしまいました」という連絡を受けて、言葉に詰まってしまいました…。

養護者との信頼関係の、そもそもの目的を確認する

　このケースで、ケアマネジャーは、三度も事業者変更の調整をして、一生懸命に剛さんとの信頼関係を築いてきました。この信頼関係があったからこそ、剛さんは「殴ってしまった」という連絡をケアマネジャーにしています。

　通報というのは、この剛さんとの信頼関係を裏切る行為のように感じることもあるかもしれません。その時には、剛さんとの信頼関係を築いてきた理由を、思い出してみましょう。ケアマネジャーとして、介護者である剛さんと信頼関係を築いているのは、「弘子さんのケアマネジメントを適切に行うため」であるはずです。

　今、弘子さんのために一番にしなければならないことは何か？を考えましょう。

事例の経過

　ケアマネジャーが地域包括支援センターに連絡をしたところ、すぐに行政と地域包括支援センター職員、ケアマネジャーの3名で一緒に訪問することになりました。

　現場に急行して「私一人で対応できない決まりなので、行政と地域包括支援センターの人に一緒に来てもらった」と説明したところ、剛さんは特に怒ることもなく、家に入れてくれました。

　剛さんの話では、弘子さんが失禁して汚した紙パンツをタンスの下着入れの奥にしまっていたことから、カッとして殴ってしまったとのことでした。「失禁するのは仕方がない。でも、汚れものを隠すのはひきょうだ」と言います。

　弘子さんの目の周りが赤黒く腫れていて、後頭部にたんこぶもできていたため、すぐに検査入院することになりました。病院が警察へ通報、弘子さんが被害届を出すことを望まなかったため、逮捕にまでは至りませんでしたが、剛さんは警察に厳重注意を受けました。

　入院中は剛さんとの面会を制限した上で、弘子さんの判断能力の程度の確

認や意思確認が行われました。弘子さんは長谷川式スケールで24点、アルツハイマー型認知症は軽度でした。行政から弘子さんに施設入所を勧めたのですが、「絶対に家に帰る」と、弘子さんの決意は固く、最終的に在宅に戻ることになりました。在宅生活を再開するにあたって、行政職員と剛さんはいくつかの「在宅生活再開にあたってのルール」を決め、これが守られない場合には、行政が弘子さんを保護するということを確認しました。

今の状況

今も、弘子さんの虐待対応は継続しています。在宅生活再開のルールの中で「怒鳴ってしまいそう」「殴ってしまいそう」と感じた時には、剛さんは外に出て、ケアマネジャーか地域包括支援センターに連絡をすることになっています。そのため、ケアマネジャーには時々、剛さんから「イライラしてきた」という連絡が入ります。ケアマネジャーは「よく連絡してくれました。怒りを弘子さんにぶつけずに連絡をくださって嬉しいです」と剛さんをねぎらっています。

今後の課題

弘子さんが施設入所を嫌がっているため、今は在宅生活を継続しています。しかし、今後の認知症の進行によっては、施設入所の検討が必要になってくるかもしれません。どの時点から施設入所を考えるのか、もし行くとしたらどのような施設がいいのか、弘子さんの思いや剛さんの思いも大切にしながら、関係機関も一緒に話し合いを重ねています。本人の立場で本人の決定と契約を支えるために、成年後見制度の活用も検討しているところです。

Case3 「母親を殴ってしまいました」という連絡を受けて、言葉に詰まってしまいました…。

まとめ

在宅生活再開のルール

　高齢者虐待対応の中では、入院や老人保健施設の入所、緊急一時保護、措置ショートステイの利用等の「一時分離」後に、「在宅生活再開に向けてのルール」を設定し、在宅生活を再開することがあります。このような場合には、以下のようなルールを設定することがあります。これらのルールは、これまで起こってきたことを参考にして、本人・養護者と話し合いながら、行政・地域包括支援センターが決定するものです。

在宅生活再開のルールの例

・本人に大声をあげたり暴力をふるったりしないこと。もしも暴力や暴言に至りそうなイライラした状態になったら、すぐに家の外に出て、ケアマネジャーや地域包括支援センターに連絡すること

・利用者本人に必要なサービス（具体的なサービスを明記）を利用すること

・デイサービス等を休んだ場合には、地域包括支援センターの訪問を受けること

・サービス利用料を支払うこと、支払いが難しい場合には、すぐに地域包括支援センターに連絡すること

・サービス利用とは別に、週に1回（頻度はケースによって異なる）地域包括支援センターの訪問を受けること

・サービスを利用しない場合や、地域包括支援センターの訪問を受け入れない場合、行政による保護を行う場合がある

安全プラン

　虐待対応中に在宅生活を継続する場合、本人や養護者とともに「安全プラン」を考えることがあります。このケースで「イライラしてきた時、どうするか」を決めているのがこれにあたります。このケースでは剛さんと約束をしていますが、弘子さんと「剛さんがイライラしてきたと感じた場合にどう行動するか」を決めておくこともあります。
　剛さんのイライラを暴力に発展させないよう、例えば弘子さんが「失禁してしまった時にパンツを隠さずどうするか」を決めておく場合もあります。「虐待」という問題を「失禁した時にパンツが隠されているのを見つけて、イライラして殴る」という発生状況まで分解し、弘子さんや剛さんに、「この状況を共に解決していく人」として、どうしたらいいのかを考えてもらい、一緒にルールを設定していくのです。

暴力を起こさないでいられたことに注目する

　一生懸命介護している介護者から「虐待している」「叩いてしまった」と告白されると、「その気持ち、分かります。一生懸命介護しているから、起こることですよね」と寄り添いたくなります。しかし、**気持ちに寄り添うことは大切ですが、虐待という行為を容認することは、虐待を拡大させます。**
　このケースのように、「怒鳴らないでいられたこと」「暴力をふるわずにいられたこと」「暴力・暴言が起こりそうな自分の状況に気づき、それを回避できたこと」に注目し、その状況を喜ぶことは、剛さんの行動変容の原動力になります。「『イライラしている』と知らせてくださってありがとうございます。その場を離れられますか？」等、適切な声掛けをしていきたいものです。

Case 4 「これからは私がみますから」…って、本当ですか？

事例のポイント

- 甥の急な同居
- 本人の財産を、本人のために使おうとしない（経済的虐待）
- 利用していたサービスをすべて断る（放棄・放任）
- 支援者や友人との関係を断つ（心理的虐待）

事例の概要

徹子さん（仮名、70歳）女性

- 要介護度：要介護3
- 疾患名：脳梗塞後遺症、左麻痺と軽度の脳血管性認知症あり
- 家族：夫死亡後、甥（弟の子、弟夫婦は既に死亡）と同居、他に親族はいない
- 経済状態：本人の年金は月7万円。遺族年金が入るはずで、不動産収入もあり、多額の財産がある
- 住まい：夫名義のマンションの最上階
- 利用中のサービス：デイサービス週3回、福祉用具貸与

徹子さんは、3年前の脳梗塞の後、夫の将太さんの介護を受けて生活をしてきました。左麻痺と、軽度の脳血管性認知症があります。デイサービスを週3回利用して、徹子さんはデイサービスに行くことを楽しみにしていました。人と話すことが好きで、レクリエーションに参加したり、他の方のお世話をしたり、デイサービスで友達もできたようでした。

＜夫の死と甥の同居＞
　しかし、将太さんが心筋梗塞で急死してしまいました。幸い、葬儀を手伝ってくれた甥の鈴木さん（おそらく50代、隣県に居住、仕事をしているのかどうか不明）が同居してくれることになり、ケアマネジャーは担当者として挨拶に行くために、鈴木さんに電話を入れました。

＜サービスはいらない＞
　鈴木さんは「これからは自分が面倒をみるので、サービスは必要ありません」と言います。ケアマネジャーは、徹子さんがデイサービスをとても楽しみにしていたこと、人とのつながりが切れて家に閉じこもると認知症が進行してしまうことがあることを鈴木さんに説明しましたが、「伯母（徹子さん）も葬儀で疲れているので、そっとしておいてください」と言って電話を切られてしまいました。

＜福祉用具の引上げ＞
　ケアマネジャーはサービス終了に伴う福祉用具の引上げを理由に、再度電話を入れました。そして、福祉用具を引き上げる際、徹子さんの気持ちの確認をしようと考えました。しかし、福祉用具の引上げに立ち会った際にも、「伯母は疲れて寝ている」と鈴木さんに言われて、徹子さんには会わせてもらえないままになりました。

Case 4 「これからは私がみますから」…って、本当ですか？

ケアマネジャーの悩み

あんなにデイサービスを楽しみにしていた徹子さんが、すべてのサービスを断ることはおかしいです。しかも、会わせてもらえないのも変です。気になります。
でも、何が起きているのか、説明ができません。

問題解決のためのアドバイス

「気になる」と思った時点で通報しましょう。
今、**何が起きているのかを把握するのは事実確認にあたるので、地域包括支援センターや行政の役割**ということになります。
今までどのようなことがあったのかを伝え、おかしいと感じていることを話すことが大切です。

> 解説

経済的虐待は見えにくい

　このケースでは、利用していたサービスをすべて断る「**放棄・放任**」、支援者や友人との関係を断つ「**心理的虐待**」という虐待が生じていると考えられます。しかし、根本には、本人の財産を、本人のために使おうとしない「**経済的虐待**」という虐待がある可能性があります。

　徹子さんの経済状況や甥の鈴木さんの言動から、「もしかしたら、金銭ねらいの同居では？」という気持ちになりますが、利用料の未払いがあるわけでもないし、お金を引き出して使っているのを見たわけでも、聞いたわけでもありません。

　このように経済的虐待は、事実そのものが見えにくいという特徴があります。しかし、その事実をつかむのは、行政や地域包括支援センターの仕事です。「気になる」ということを知らせていきましょう。

　徹子さんの財産が鈴木さんによって使われてしまった場合、徹子さんは鈴木さんに「お金を返して」という請求をすることはできます。しかし、鈴木さんの手元に返すお金が残っていない場合には、実質的にお金を取り戻すことができません。使われてしまう前に対応することが必要です。早期発見・早期対応が求められているのです。

連れ去られてしまうというリスク

　このケースのような意図的な虐待の場合、ケアマネジャーや地域包括支援センターが接近しようとすると、警戒して、本人を連れて転居してしまうという場合があります。「実態が把握できなくなること」「転居先でそこに徹子さんが住んでいることを地域の人が誰も知らないこと」は孤立を深め、虐待を進行させ、リスクはより高まります。**「迷っている間に転居してしまうかもしれない」と考えて、早期に通報してください。**

　もしも、通報後の事実確認中に転居された場合には、行政や地域包括支援センターが、転居先の自治体に通報して、虐待対応のバトンを渡します。

Case 4 「これからは私がみますから」…って、本当ですか？

事例の経過

　地域包括支援センターと行政が訪問しても、甥の鈴木さんはなかなか応じようとしませんでした。立入調査や警察介入もあり得ると行政が文書で鈴木さんに説明し、やっと徹子さんと会わせてもらうことができました。この時、やはり危惧していたとおりの部屋への閉じ込めや徹子さんの財産の使い込みが判明したため、徹子さんの意向確認の上で、保護を行いました（やむを得ない事由による措置による、特別養護老人ホームへの入所（P.53参照））。鈴木さんに対しては面会制限がかけられ、成年後見制度の市長申立ても行うことになりました。
　一度、ケアマネジャーのところに鈴木さんから電話がかかってきて「役所に知らせたのはあんたか！」と怒鳴られましたが、行政からの指示どおり「私に話せることは何もありません。すべて役所に言ってください。これ以上怒鳴られるようであれば、警察に相談します」と言うと電話は切られ、その後かかってくることはありませんでした。
　「徹子さんの成年後見制度の市長申立て」の説明を行政が鈴木さんに対してしていく中で、鈴木さんが経済的に困っていることが分かり、行政は鈴木さんに、地元の生活困窮者相談窓口を紹介しました。最終的に鈴木さんは徹子さんの家を出て、隣県にある自分の家に戻っていきました。

今後の課題

　徹子さんには第三者後見人がつき、本人の希望どおりのサービスを受けられる手はずが整いました。徹子さんは、「マンションに戻るのは怖い」と言い、有料老人ホームに入所することになりました。ケアマネジャーが面会に行くと、徹子さんは「忘れないでいてくれてありがとう」と、とても喜びました。ホームにも仲のよい友人ができたようです。

まとめ

ハードアプローチの基本的流れ

　高齢者の人権・権利を護る過程で、養護者と対立することがあります。このような対立を含む介入型支援を「ハードアプローチ」と称することがあります。**ハードアプローチは、行政・地域包括支援センターが法に基づいて行うものであり、契約に基づいて関わるケアマネジャーが中心になることはありません。**しかし、どのような流れでハードアプローチが展開されるのかを知っておくと、安心して協力することができます。

ハードアプローチの流れ

① 介入による虐待・不適切行為の歯止めと虐待の告知・意識付け

② 対立と混乱

③ 現実規範に基づく養護者の壁の体験

④ 養護者の妥協と援助者のねぎらい

⑤ 改善条件の合意

⑥ 支援の開始

参考：津崎哲郎著「Ⅰ.保護者対応の基本　1.介入型対応における保護者対応の基本原則」
　　　「ソーシャルワーカーのための困った場面の保護者対応ガイド～虐待事例における保護者対応の基本と疑問に答えて～」（平成16年度厚生労働科学研究子ども家庭総合研究事業　主任研究者　加藤曜子）より

対立は必要なステップ

　このケースの場合だと、徹子さんになかなか会わせてもらえない中で、立入調査や警察による介入について伝えているのが「ハードアプローチの流れ」の①にあたります。その中では②「対立と混乱」があり、その過程でケアマネジャーに「役所に知らせたのはあんたか！」という電話が入りました。このような対立の中では、皆が同じ姿勢で対応をすることで、養護者は③「現実規範に基づく壁の体験」をすることができ、次の段階へ進むことができます。ケアマネジャーが指示どおりに「すべて役所に言ってください。これ以上怒鳴られるようであれば、警察に相談します」と対応をしている点も、とても重要なのです。対立は、次の支援に進むために必要なステップなのです。このステップを経て、鈴木さんは自分の家に戻って、生活困窮者相談窓口に相談しながら生活していくことに合意しています。弘子さんの新たな支援体制を第三者後見人と共に整えることもできました。**対立や攻撃を失敗ととらえることなく、新たな関係性を築く糸口と考えてチームで対応していきましょう。**

Case 5 「いいの、いいの」って言うけれど、それは騙されていると思います…。

事例のポイント

- 消費者被害の放置
- 本人が解決を望まない（セルフ・ネグレクト）
- 賢いことを選択しない権利

事例の概要

光一さん（仮名、72歳）男性
- 要介護度：要介護1
- 疾患名：高尿酸血症、関節炎、外出には車いすが必要。室内自立。認知症なし
- 家族：同居家族なし、婚姻歴なし。近くに別居の弟がいるが、介護には関わる気はない
- 経済状態：年金は月13万円、預貯金は多額にある（と聞いている）。株所有
- 住まい：中古マンションに一人暮らし
- 利用中のサービス：ホームヘルプサービス（入浴介助、受診支援）週3回、配食サービス、福祉用具貸与

Case5 「いいの、いいの」って言うけれど、それは騙されていると思います…。

　光一さんは一人暮らしです。小さな貿易会社を経営していましたが、歳をとって痛風もひどくなったので、会社を人に譲りました。今は、ホームヘルプサービスで入浴介助をしてもらいながら、在宅で生活しています。一人暮らしで外に出ないままだと刺激がないのではないか？と考えたケアマネジャーがデイサービスの利用を勧めましたが、いくつ見学しても「自分には合わない」と言って、利用に至りませんでした。幸い、仕事でパソコンを使いこなしていたので、インターネットを通じて、様々な人とやり取りをしているようです。

＜海外宝くじに当選した？ 10万円の眼鏡？＞

　ある時、ケアマネジャーが訪問すると「やったよ！海外宝くじに当選したよ！」と光一さんが興奮気味に話しました。「これで億の金が手に入る。そしたらケアマネさんにもなんでもおごってあげるよ」と浮かれています。ケアマネジャーは不安になり、「『当選しました！』っていう偽のメールがきて、受け取るための申込金などと言ってお金を騙し取る手口のことがあるみたいですよ。しっかり確かめてくださいね」と伝えましたが、「いいの、いいの。海外と渡り合ってきた俺だから、大丈夫」と取り合ってもらえませんでした。その話はそれ以降は続かず、億のお金が振り込まれたという話は聞きません。

　また、ある時は「この眼鏡、訪問販売で買ったんだけど、すごくよく見えるんだよ。さすが10万円の眼鏡だよ」と言って眼鏡を見せてくれました。でも、ケアマネジャーにはその辺の100円均一ショップで売られている老眼鏡と同じものに見えます。そのことも伝えてみましたが、不機嫌になって「あんたには分からない価値があるんだ」と言い返されてしまいました。

＜結婚してくれる人が投資の説明？＞

　そうかと思うと「来週、結婚してくれるっていう女の人がうちに来るんだよ。ヘルパーさんに床屋に連れて行ってもらえるように、調整してもらえないかな？」と言い出しました。なんでも、インターネット上で知り合った女性が自宅に来るのだと言います。結婚「してくれる」という言葉に引っかか

101

りながらも、ケアマネジャーは「おめでとうございます。出会いはいろんなところにあるのですね」と一緒に喜んでいました。すると「なんだか、投資をしてほしいって話で来るんだよ」と光一さんは言います。「それは…投資詐欺では？」とケアマネジャーは不安になり、思い切って光一さんに伝えてみました。でも光一さんは「いいの、いいの」「これで騙されてるんなら、もう、それはそれでいいんだよ」と言って、取り合ってくれません。

ケアマネジャーの悩み

　海外宝くじの話も、投資の話も、正直言ってうさん臭いと感じてしまいます。消費者被害にあっているんじゃないかと感じているのですが、確証がないので「これって消費者被害だからやめましょうよ」と強く言うことができません。光一さんは何を説明しても「いいの、いいの」「大丈夫、心配しなくていいから」と言って、まともに聞いてくれません。

　光一さんがお金をどんどん騙し取られていたら…と思うと、気が気ではありません。でも、光一さんのお金なので、好きに使ってもいいような気もします。

Case5 「いいの、いいの」って言うけれど、それは騙されていると思います…。

問題解決のためのアドバイス

　確かに、「消費者被害にあっているかもしれない」と考えられますね。しかし、光一さんには判断能力の低下がありませんから、こちらが強制的に解決することはできません。かといって、光一さんの「いいの」という言葉を鵜呑みにしてそのままにしてしまうと、様々な消費者被害が繰り返される可能性は高いので、危険です。ご本人に状況を説明し、注意深く観察、見守りを続けていくことが大切になります。

　どのような消費者被害が起こっているのかを光一さんに専門的に説明し、解決について助言したり、光一さんと一緒に相手の事業者に対応してくれるのは消費生活センターです。また、地域包括支援センターも市町村も、消費者被害防止の対応をしていく役割を担っています。対応方法について相談していきましょう。

解説

高齢者の消費者被害の増大

　そもそも消費者被害とは、「消費者の利益を不当に害し、又は消費者の自主的かつ合理的な選択を阻害するおそれがある行為であって、政令で定めるものが事業者により行われた事態」（消費者安全法2条5項3号）をいいます。

　事業者と消費者との間には、「情報の質及び量並びに交渉力等の格差」（消費者基本法1条）があるため、高齢者ではない私たちも、消費者被害について一定のリスクのある状態で物を売ったり買ったりしています。

　このような中で近年、高齢者の消費生活相談の件数が伸びたことにより、高齢者の消費者被害防止について注意喚起されるようになりました。

高齢者の消費者被害の特徴

　高齢者は「健康、金、孤独」の**三つのK**につけ入る形で誘われ、「くじが当たった」「示談が必要」等の感情をゆさぶられる形の情報提供のもと、「〇時までに振り込んで」という時間制限の中で正常な判断ができにくくなり、被害にあっています。また、一度被害にあうと、悪質事業者間で共有されていると思われる「カモリスト」に載るようで、次々に様々な消費者被害にあってしまいます。目に見える商品を買わされているとは限らず、目に見えないサービスを継続購入する形をとられたり、価値ある品物を低すぎる価格で買われたりすることもあります。多額の財産をもっているので少しぐらいの被害なら耐えられるだろうと思って放置してしまうと、預貯金だけでなく家も土地も失うまで繰り返し被害にあい続けてしまうことがあるのです。一つの消費者被害を発見した場合は、「他にもあるかもしれない」と想定していくことが求められます。

解決の強要はできないが、再発防止の視点で向き合う

　今、ここで起きている消費者被害の解決を本人が望まなかった場合、私たち支援者が勝手に契約を解約したり、無理やり解約させたりすることはできません。10万円の価値があると思えない眼鏡を勝手にクーリングオフしたり、投資詐欺の説明に来ると思われる女性に「来ないでください」と勝手に伝えることはできないのです。特に光一さんには認知症がありませんから、光一さんの契約の自由は尊重されるのです。

　しかし、だからと言ってこのままにしておくと繰り返し被害にあい続けてしまうので、再発防止の視点で支援体制を整えていく姿勢が支援者に求められます。

消費生活センターの機能

　消費者被害についての相談は、市町村若しくは都道府県に設置されている消費生活センター（週に4日以上開設できない場合には、消費生活相談窓口として設置）で行うことができます。行政の相談窓口ですから無料で相談す

ることができ、高齢者の消費者被害だけでなく幅広く消費者被害についての相談を受け付けています。

　都道府県と市町村のどちらの窓口にも相談することが可能ですし、事業者とのあっせん（仲介）をしてくれるところもあります。電話相談と来所相談を受けているところが主で、高齢者宅まで訪問してくれる消費生活相談センターは非常にまれです。担当地域の相談の受付状況について知っておくと、いざという時にあせらず相談することができます。

市町村・地域包括支援センターがもつ消費者被害防止の役割

　高齢者虐待防止法では、市町村に「財産上の不当取引の防止」（27条）の役割を位置付けています。また、地域包括支援センターの権利擁護業務として、消費者被害の防止が位置付けられています。消費生活センターには高齢者宅への訪問機能がありませんから、来所できない高齢者の消費者被害の解決の具体的手法を、地域包括支援センターが訪問して伝えることがあります（消費生活センターの指導のもとで行います）。また、このケースのように光一さんが被害に気がつかない場合、地域包括支援センターが消費生活センターに状況を説明して指導を受けながら、光一さんに「消費生活センターに相談に行きましょう」と説得をし続けることがあります。ケアマネジャーが中心となって進めていく場合もあるでしょう。

ケアマネジャーの悩み

もう何年も、全く連絡を取り合っていない、行き来もしていないという弟さんが近くに住んでいます。一応、緊急連絡先として弟さんの電話番号は聞いています。この弟さんに、思い切って光一さんのことを相談してみるのはどうでしょうか？ここで関わってくれないのであれば、弟さんの放棄・放任の虐待ではないでしょうか？

問題解決のためのアドバイス

　この場合、弟さんとは何年も行き来しておらず、連絡も取り合っていません。この弟さんを養護者とみなすことは難しいため、弟さんの**放棄・放任の虐待**ととらえることは、難しい状況です。また、弟さんによる金銭搾取や理由のない財産の使用制限があるわけでもないので、**経済的虐待**との判断もできません。やはり、高齢者虐待ととらえるのは、困難です。

　また、光一さんに無断で弟さんと連絡を取ってよいかどうかについても、慎重に判断する必要があります。判断能力の低下があり、自分で自分の権利を護れない状態になっているような場合だと、成年後見制度の申立てについて緊急連絡先である弟さんに相談の連絡を取ることができますが、光一さんには判断能力の低下がありません。この場合相手が家族であったとしても、本人の同意なく光一さんの個人情報を伝えるのは、個人情報の保護の観点からは問題があると思われます。

　難しい言い方をしていますが、「黙って自分の話を他の人に話されるのは、光一さんは嫌だろうな」と考えると分かりやすいですね。まずは光一さんを中心に話を進めることが大切です。

解説

権利擁護が必要な状況ととらえる

　光一さんのケースは、高齢者虐待防止法上の高齢者虐待ととらえることが難しいケースです。しかし、光一さんが権利擁護の必要な状況にあることは明らかです。閉じこもり気味の生活をしており、事業者との間にある情報量の格差、情報の不足によって、光一さんは自主的で合理的な判断をしにくい状況におかれているのです。

　ただし、この時点で行う権利擁護は、本人の判断よりも専門的判断を優先させるような介入的関わりではなく、**光一さんが自分で決めていけるようにする支援です**。何もかも取り上げてしまうのではなく、**光一さんが「こう解決していこう」と自分で方向性を決定できるよう、継続的に適切な情報提供をしていくことが求められます**。

意思を尊重しながら、自己決定を支援する

　光一さんには「一度言い出したことを引っ込めるのはかっこうが悪い」という気持ちがあるかもしれません。自分で貿易会社まで起こした人が「人に騙されているかもしれない」という相談をするのは、とても恥ずかしい気持ちになるでしょう。買い物の失敗は、誰の人生にもおそらくあるものなのですが、してしまった時は「できれば隠しておきたい、騒ぎ立てず、そっとしておいてほしい」という気持ちになるものでしょう。

　ケアマネジャーは、光一さんの中のこのような思いを理解した上で、光一さんのペースに合わせて消費者被害や消費生活センターについて情報提供する役割を担います。根気強く適切な情報提供を受ける中で、「消費者被害を解決したい」という思いになる高齢者も多くいます。

　また、本人のペースに合わせることが難しいほどの介入が必要な状況、例えば本人にとって多額の被害があると思われるような場合には、地域包括支援センターや市町村に相談してください。生活の基盤がゆらぐほどの大きな

被害が予想される場合には、緊急性が高いと考えます。どのくらいの被害が生じていそうかという点にもセンサーを張り巡らせておきましょう。

孤立を解消する

　再発防止で大切なのは、孤立感の解消です。たとえ、毎日のようにサービスを受けていたとしても、自分の人生が「単なるサービスの受け手」でしかなくなってしまったら、寂しい思いをすることでしょう。本当は誰かに必要とされたいと願うのではないでしょうか？利害関係でも契約関係でもない人との「つながり」を感じられるような時間が欲しいと思うのではないでしょうか？

　光一さんはこういう場所をインターネットの中で求め、残念ながら被害にあってしまっています。光一さんが「よし、この状況を改善しよう」と思うには、「自分の居場所はここだ」と思えるような、そんなつながりが必要なのだと考えられます。

　実際、消費者被害にあった高齢者の中には、消費者被害防止の啓発をする側にまわっている方々がいます。単に支えられるだけの存在から、お互いに支えあう存在へ…。

　光一さんに必要なのは、このような変化かもしれません。ケアマネジャーとして、このような変化を支えていきたいものです。

Case5 「いいの、いいの」って言うけれど、それは騙されていると思います…。

事例の経過

　ケアマネジャーは、光一さんに「弟さんの意見も聴いてみましょうよ」と提案し、弟さんにも光一さんの今の状況を話して意見をもらいました。でも、「兄貴は昔から派手に稼いで派手に使う人。自分にはどうすることもできないし、周りの言うことは聞かないから、ほっといていいよ」と言われてしまいました。光一さんからも「ほら、言っただろ？」と言われてしまい、とうとう地域包括支援センターに相談しました。

　その後、地域包括支援センターとケアマネジャーは、光一さんに何度も何度も投資詐欺の仕組みについて情報提供をしました。ついに光一さんは「そんなに言うなら、消費生活センターに相談に行くよ。連れてってくれよ」と言ってくれました。でも、この説得の間に何度か、投資の送金をしてしまっていたようでした。ケアマネジャーも地域包括支援センターもくやしい思いをしましたが、光一さんが「こんな俺のわがままに根気強く付き合ってくれたんだから、ちゃんとしなくちゃね」と言ってくれた時、思いが通じた気がして嬉しくなりました。

今後の課題

　光一さんは、「おお！これは便利だな」と社会福祉協議会の日常生活自立支援事業を利用するようになりました。生活支援員さんが昔、光一さんと同じような貿易関係の仕事をしていた男性だったので、気が合ったのでしょう。この方とよく話をするようになりました。

　また、2週間に一度、地域のふれあいカフェで子どもに将棋を教えてほしいと頼んだところ、喜んで引き受けてくれました。

　身なりに気を遣うようになり、笑顔が増えた光一さん。ケアマネジャーも地域包括支援センター職員も、そんな光一さんを見ると、自然と笑顔がこぼれます。

まとめ

常に悩み続け、見つめ続ける…権利擁護の姿勢

　権利擁護の支援は、光一さんに対して行ったような「自己決定への支援」が本来のあり方です。適切な情報提供や、継続的な関わりの中で、高齢者自身が自分の本当の思いに気づき、変化していくのを支えることが、もっとも望ましいのです。

　しかし、そうは言っていられないこともあります。虐待対応での緊急性が高い状況など、生命・身体・財産に重大な危険が生じるおそれがあるような場合には、自己決定をゆったりと支えていくわけにはいきません。契約という関係で関わるのではない、法的位置付けのある地域包括支援センターや行政による緊急の介入支援が必要な場合もあるのです。

　本書では、その状況を様々な形でお伝えしてきました。でも、皆さんの目の前にいらっしゃるご本人は、本書の登場人物とイコールではないはずです。ケアマネジメントの仕事が、「様々な人生を、様々な事情を抱えて、様々な思いで生きてきた人を支える仕事」である限り、私たちは、本人の意思を尊重すべき段階なのか、介入すべき段階なのかというジレンマを抱え続けることになります。

　「こんな時はこれが正解」というような明快な答えではなく、**「今本当に本人にとって大切なことは何か？」**を考え、**「声なき声を聞こうとする姿勢をもつこと」、それこそが権利擁護なのだ**という意識を、共有していきたいものです。

著者紹介

川端 伸子（かわばた のぶこ）
公益社団法人あい権利擁護支援ネット　社会福祉士

【経歴・プロフィール】

　ケアワーカー、医療ソーシャルワーカーを経て、平成 18 年 4 月より東京都老人総合研究所に入職、介護予防区市町村サポートセンターにて区市町村・地域包括支援センターからの権利擁護、高齢者虐待についての相談・研修を担当。平成 21 年 4 月より、（財）東京都福祉保健財団　高齢者権利擁護支援センターにて、専門相談員として同業務を担当。平成 22 年 4 月から平成 29 年 3 月まで同センターでセンター長を務め、現在はアドバイザーを務める。

【主な著書】

『高齢者虐待対応・権利擁護　実践ハンドブック』
　　　　　　　　　　　　　　　　　　　　（大渕修一監修、法研、2008 年）
『ケアプラン困難事例集―支援困難事例への取り組み方』
　　　　　（池田惠利子（ほか）監修・著、財団法人東京都福祉保健財団、2009 年）
『わかりやすい成年後見・権利擁護』
　　　　　　　　　　（村田彰、星野茂、池田惠利子（編）、民事法研究会、2009 年）
『高齢者虐待対応ソーシャルワークモデル実践ガイド』
　　　　　　　　　　　　　　（社団法人日本社会福祉士会編集、中央法規、2010 年）
『事例で学ぶ「高齢者虐待」実践対応ガイド』
　（公益社団法人あい権利擁護支援ネット監修、池田惠利子、川端伸子、高橋智子
　　　　　　　　　　　　　　　　　　　編著、中央法規、2013 年）
『エピソードで学ぶ成年後見人　Part Ⅱ』
　（池田惠利子、公益社団法人あい権利擁護支援ネット編、民事法研究会、2014 年）
　　　　　　　　　　　　　　　　　　　　　　　　　　　　　　　　ほか

サービス・インフォメーション
─── 通話無料 ───
① 商品に関するご照会・お申込みのご依頼
　　　　TEL 0120(203)694 ／ FAX 0120(302)640
② ご住所・ご名義等各種変更のご連絡
　　　　TEL 0120(203)696 ／ FAX 0120(202)974
③ 請求・お支払いに関するご照会・ご要望
　　　　TEL 0120(203)695 ／ FAX 0120(202)973

● フリーダイヤル（TEL）の受付時間は、土・日・祝日を除く
　9：00～17：30です。
● FAXは24時間受け付けておりますので、あわせてご利用ください。

仕事がはかどるケアマネ術シリーズ④
はじめの一歩が大切！高齢者虐待防止
―在宅介護での兆候発見・支援のポイント―

平成29年9月10日　初版発行

著　者　　川端　伸子
発行者　　田中　英弥
発行所　　第一法規株式会社
　　　　　〒107-8560　東京都港区南青山2-11-17
　　　　　ホームページ　http://www.daiichihoki.co.jp/

ブックデザイン　株式会社エディット

ケアマネ虐待防止　ISBN978-4-474-05900-9　C2036 (6)